本当に価値のある子育てをするために

一匹の
育て

山本 節子

まえがき

子育ては
国家の興亡の要
一家の盛衰の鍵
次世代を育てる大切な仕事です。
こんなに価値ある子育てなのに悩みや疑問はつきません。

今、子育てに迷っている親御さんはたくさんいます。子どもを大事に思う気持ちは強いのに、その最良の方法がわからないのです。こうした親御さんの悩みや疑問に応えたいというのが、本書を書きたいと思った私の動機と強い気持ちです。

東洋思想を学び始めて10年以上が経ちます。学べば学ぶほど人間の把握、人格の磨き方、宇宙の摂理など人間の叡知を知ることができます。二千年以上の間、歴史にさらされて残ってきた東洋の知恵です。そこには子育ての答えの鍵も随所に散りばめられています。

子育てセミナーで「どんな子どもになってほしいですか?」と聞くと、「優しい子、頭の良い子、お金の稼げる子…」などいろいろな答えが返ってきます。しかし「立派な人になってほしい」という答えは、これまで1度も聞いたことがありません。

東洋思想では立派な人のことを「君子」といい、君子を目指す方法がたくさん書いてあります。別名「帝王学」と言ってもいいかもしれません。

●なぜ立派な人間をめざすのでしょうか？
●その方法はどうしたらいいのでしょうか？
●子育てにどう活かせばいいのでしょうか？

本書は、その答えを誕生から30歳くらいまで5つの年代別にわけて、「一匹の龍育て」にたとえています。その「龍育て」こそが立派な人になる方法です。

第1章：赤ちゃんから幼児期まで（0歳〜6歳頃）
第2章：小学生（6歳〜12歳頃）
第3章：中学生・高校生（12歳〜18歳頃）
第4章：新社会人（18歳〜25歳頃）
第5章：30代（25歳〜30歳頃）

今は大転換期と言われる時代です。子育てもこれまでと同じでは通用しないことを多くの方が感じていらっしゃるでしょう。

中国では親は子どもに真っ先に「人に騙されるな」と教えるそうです。「騙し騙される社会だから、人に騙されずに賢く立ち回ってうまく世を渡っていきなさい」と。しかし日本では親は子どもに「ウソをつくな」、「正直でいなさい」と教えます。グローバルの時代です。これだけ国によって子育ての教えが異なると、他国への留学や仕事などでとまどうこともあるでしょう。

日本には昔から、「清明心（自分にウソのない清く明るい心）」、「正直心（天にたいして正直な心）」、「名こそ惜しけれ（自分という存在にかけて恥ずかしいことはしない）」という素晴らしい精神があります。なぜ素晴らしいかというと、他の国々や多様な人々から信頼され和することができる精神だからです。これらの価値ある日本のスピリットを次世代につなぐには、これまで以上に国の違いを知り尽くし、何事にも翻弄されない強い人間力を身につけることが求められています。

この拙本を手にとって頂いた方々へのご縁に感謝しながら、本書が少しでも皆様のお役にたつきっかけになることができましたら幸甚の限りです。

令和五年三月

山本 節子

CONTENTS

CONTENTS

第1章　赤ちゃんから幼児期まで

1 赤ちゃんとはじめてのつきあい方

◆見えないものを感じよう！

「包括的直観力」という言葉をご存知でしょうか。

これは、「見えないものを感じる力」のことです。動物と話ができる人や植物と会話をする人がいますね。この人達はこの包括的直観力に長けている人です。

見えないものといえば自分の心も見えません。他人の心も見えません。赤ちゃんの心も見えません。この見えないものを見るには、感じるしかないのです。

「あれっ？　今泣いたのは淋しいからかな？」、「この泣き方は何か怒っているのかな？」…。こう感じる力を「包括的直観力」と言います。

いきなり質問ですが、「左下の写真の木は何本ありますか？」。こう質問すると、「1本、2本、3本…」と数える人がいます。正解は「数えられないくらい多くある」です。奥の方にたくさんの竹がありますね。何本あるかは、感じるしかないのです。

しかし見える人には、何本あるかわかるそうです。そういう人を、人は「達人」と呼んでいます。「達人」は暗いところも見える人です。ですから、「達人」のことを「玄人」とも呼びますね。

子育てをするとき、見えない赤ちゃんの心がわかると子育てがとても楽になります。

しかしタイプによっては、心を感じるのが「得意な人」と「苦手な人」がいます。これは、「良い・悪い」ではありません。持って生まれた性格のタイプの違いです。

「得意な人」は、赤ちゃんの心がわかる人です。「子育ては楽しい。だって赤ちゃんはかわいいんだもの」と、比較的子育ては楽しいと思うタイプの人です。

一方「苦手な人」は、理性的な人。人の心より事柄を重視するタイプの人です。泣く理由がわからず、「こんなに頑張っているのに…」とイライラも強いかもしれません。

もしあなたが「苦手な人」タイプで、「感じる心」を磨きたいと思ったら、コツがあります。それは自分の心を感じることです。毎日の子育てをしながら、意識してご自分の心を感じてみましょう。あなたの気持ちを日記帳に綴ってみるのもいいですね。

自分の心の動きがわかると、人の心もわかるようになります。

「人には心というものがあるんだ」とわかると、人への心遣い、気配り、配慮ができるようになるでしょう。すると仕事も事柄もスムーズにはかどるようになります。さらに見えない心を意識していると、自分の感情のコントロールもできるようになるでしょう。

人の心も自分の心も二つではありません。どちらも同じ人間の心です。赤ちゃんの心がわかるようになるだけで、子育てがラクに楽しくなります。子育ては子どもに何かを教えるより、「子どもの心を感じる」。まずは、そこから始めましょう。

◆赤ちゃんは感性の天才、泣き声から心を感じよう!

生まれたばかりの赤ちゃんの成長は、めざましいものがあります。このわきあがるような成長エネルギーは、目を凝らしても見えません。「ブワッ、ブワッ」と毎日大きくなる気配は感じることでわかります。毎日、身体中に広がっていく赤ちゃんの成長エネルギーを感じてみましょう。

この成長のペースは、1人1人異なります。その子のペースで大きくなっているのです。じっくりゆっくり成長する赤ちゃんもいます。これはその子の個性です。遅いくらいで丁度いいのです。他の子と比較するのではなく、自分のペースで成長している赤ちゃんの成長エネルギーをぜひとも愛情を持って見守ってあげてください。すると赤ちゃんは安心して自分のペースで成長することができます。

赤ちゃんは感性の天才です。赤ちゃんだから何もわからないと侮ってはいけません。しかし生まれたばかりの赤ちゃんは、言葉が話せません。泣くしか表現方法がありません。

「お腹がすいたよー」

「おむつが気持ち悪いから替えてよー」

新米ママやパパは、「ミルクもあげたし、おむつも替えたし…」と、泣きやんでくれない赤ちゃんを前にして、一緒に泣きたくなることもあるでしょう。

赤ちゃんが泣く理由はそれだけではありません。なにしろ快適なママのお腹の中で10ヵ月間もマイペースでゆっくり成長していたのです。それなのに生まれた途端、朝になって明るくなったり、夜になって暗くなったり、みんなが寝てシーンと静かになったり…と、はじめてのことばかりです。赤ちゃんはとても怖がりです。

「夜になって音がしなくてこわいよー」、「ママが傍にいなくて淋しいよー」、「抱っこしてほしいよー」…。さまざまな要求を泣くことで表現します。

泣いても誰も応えてくれないと、抗議して大泣きします。これを「プロテクト・クライニング」と言います。赤ちゃんは泣いて感情を表現しているのです。感性豊かな赤ちゃんは、とくによく泣きます。ですから「どうしたの？」と関心を持ってあげて下さい。大人だって、誰も相手にされずに無視をされると悲しいですよね。そんなとき、ちょっとでも関心を持ってくれたら嬉しいものです。赤ちゃんも同じです。忙しいママは、赤ちゃんが泣くたびに応えると疲れるでしょう。でも、できるだけ赤ちゃんの要求に応えてあげましょう。そのほうが早く泣きやみます。

◆スキンシップで安心感と信頼感を！

赤ちゃんの要求に応えるときには、少しコツがあります。それはスキンシップです。やさしく抱いて背中をトントンしてあげながら、「大丈夫だよ、あなたは愛されているんだよ」と、抱っこ、おんぶ、なでなでなどのスキンシップをしながら、穏やかな声で話しかけてあげてください。すると赤ちゃんは安心します。

また赤ちゃんのペースに合わせながら、「うんうん」とうなづいたり、「そうなんだね」とあいづちをうったり、「いい子だね、お話が上手だね」などと赤ちゃんを肯定する会話を楽しみましょう。すると、「私のことをわかってくれる」と信頼感が育まれます。

安心感があると心が落ち着き、信頼感があると豊かな感情をはぐくむことができます。赤ちゃんはなんでもわかっています。どうぞ赤ちゃんのすべてを、丸ごと愛情でつつんであげてください。

人間に生まれてくることは容易なことではありません。奇跡的な確率で、私たちはやっと霊妙な人間に生まれてくるのです。しかも赤ちゃんは、お母さんを選んで生まれてくると言われています。生まれてきた赤ちゃんに、「よくぞ私たちの子どもに生まれてきてくれた」と、その誕生を喜び成長を楽しんでください。生まれてから第1反抗期までは、短い期間ですが「一生分の親孝行をしてくれる」、そんな可愛い時期です。

今日の言葉

盲亀浮木（もうきふぼく）

「盲亀浮木（もうきふぼく）」は、仏教に出てくる話です。

海の底に目の見えない亀さんがいます。100年に1度しか海の上に浮かび上がらないこの盲亀さんは、海の底から海上に浮かび上がった拍子に、これまた広い海にプカプカ浮かんでいた丸太の小さい穴に、ひょいと頭を入れることができたという話です。そんな大変な確率で、よくやく人間に生まれてくることを、「盲亀浮木（もうきふぼく）」と言います。私たちはこんな奇跡的な確率で、霊妙な人間に生まれてきたのです。次の世は、人間に生まれてくるとは限りません。せっかく人間に生まれた100年くらいの命です。いろいろな経験を重ねながら、「あなたの命が喜ぶことは何なのか」を、じっくり味わいましょう。

2 2つの反抗期は接し方を変える目じるし！

◆2つの反抗期は成長の節目

萬物は、天地の間にみなぎっている**「生成化育（せいせいかいく）」**のエネルギー（気）で生かされています。生成化育とは、生まれて、成長して、育つことを言います。

地球上の生きとし生けるものは、すべてこの生成化育のエネルギーで生かされています。たとえば花は芽が出て、蕾が膨らみ、花が咲きます。しかし誰かのために咲くのではありません。人の目を喜ばせようと咲くわけでもありません。ただ花の与えられた命のままに生かされ、無心に咲いて、無心に散っていくのです。

人間も同じです。生成化育のエネルギーで生まれて、成長して、そして死んでいきます。ただ人間は萬物の霊長ですから、やっかいなことに心が複雑で、なにかにつけて多くの煩悩や苦しみが生じます。そのためのストレスはつきものです。だからストレスとのつきあい方を知っておくことは大切です。つらい時、苦しい時、悲しい時、空を見上げて大きく深呼吸をしてみましょう。「吸う・吐く」の呼吸をするだけで心を整えることができます。

この「生成化育」には、「化ける（変化）」という漢字が含まれていますね。これが反抗期です。

蝶は2回ほど「化ける」時期があります。青虫からさなぎになり、さなぎから蝶へと変わる時期です。このように蝶は大きく形が変わるので、「変わった」と気がつきます。しかし人間は蝶のように形が変わりません。意識しないと変化に気づきません。その変化の節目を教えてくれるのが、「反抗期」です。

◆1回目の反抗期

1回目の反抗期は、個人差がありますが2歳を過ぎたころからです。これまで目に入れても痛くないほど可愛かった赤ちゃんが、突然「イヤダ！　イヤダ！」と言い始めます。これを別名「ヤダヤダ期」といいます。自我が芽生える時期です。

このように反抗期は、人間の身体の中にプログラムされているのです。この時期が来たら、「親の言うことを聞かない困った子」と思わずに、順調に自我が芽ばえて成長していると喜びましょう。「よくぞ立派な自我が出てくれた」と思ってもいいくらいです。

しかしこの時期は、ベテランの保育士さんでもお手上げ状態になるほど扱いにくい時期です。また第1反抗期の真っ只中に、2番目のきょうだいを授かる方もいらっしゃるでしょう。そうすると子どもの情緒不安定が長引いたり強くなります。

子どもにしてもなぜなのかはわかりません。ただ無性に、「ヤダヤダ」と駄々をこねたくなる時期なのです。成長の節目として身体にプログラムされているので、反抗期が落ち着くまでは仕方がない時期です。

では、この時期をどのように乗り越えればいいのでしょうか。

ママの無理のない範囲でいいので、「ぎゅっ」と抱きしめたり、「ヤダヤダ」と言っている子どもの潮時をみて、サァと気分転換を試みてみましょう。ネットで「ヤダヤダ期」を調べると、同じような状態の子どものビデオがたくさんあります。参考にするといいでしょう。この頃から子育てはひと筋縄ではいかなくなります。

◆2回目の反抗期

2回目の反抗期は、個人差がありますが15歳頃から見られます。この頃から「自分は一体何者だろう」という自分探しが始まります。

ちょっとしたことで「自分は天才かもしれない」とか、「自分はなんてダメな人間なんだろう」などと感情が不安定になったり、喜怒哀楽が激しくなったりします。部屋に閉じこもって家族と何も話さないので、「何を考えているのだろう」と心配になるけれど、何か言うと、「ウザイ」、「近くに来ると死ぬ」とか言われて、親にとっては悲しい思いをする時期です。第2反抗期ですから、これまでのように素直に接してくれることはあきらめましょう。親の言うことは聞かなくなる時期です。

なかには、現在の既成概念を疑い、壊し、自分で再構築しようとするツワモノもいます。そうなると反抗期も長く強くなるでしょう。しかし今の大転換期の時代を前に進めるには、このような力強く反抗できるエネルギーは必要不可欠です。反抗しないと、現在の社会は進歩しないと言っても過言ではありません。さなぎが自分で自分の殻を脱出して大人になる時期です。親は成長を見守るしかありません。

これらの2つの反抗期は成長に欠かせない自我の芽生えです。この2つの反抗期がきたら、子どもへの接し方を変えましょう。ではどう接し方を変えたらいいでしょうか。

◆反抗期で変える3つの接し方（1人称、2人称、3人称）

◎1人称（I）の接し方

1人称は親中心の接し方です。「夜泣きはしないでほしい」、「離乳食はちゃんと食べてほしい」、「おむつは早く卒業してほしい」など、親のペースで親の思い通りに動そうとする接し方です。

第1反抗期（ヤダヤダ期）までは自我が未発達でした。だましだましながらも親のペースで動いてくれます。しかし第1反抗期頃からは親の思い通りに動いてくれるはずがないと思っていいでしょう。

それなのに親のほうがこれまでと同じように接すると、子どもが思い通りに動いてくれないので、イライラしたり、カァーとなったり、キーとなって怒りがこみあげたり、我慢が切れて子どもや夫にあたってしまいがちです。

これまで頑張ってこられた方は、子育ても「私が頑張ればなんとかなる」と思って接しても、思い通りにならずストレスも多いでしょう。子どもは子どものペースで成長しているのです。親の要求や親のペースに、幼い子どもは応えられるはずがありません。

また「自分のどこが悪いのだろう…」と自分を責めると、子育てがつらくなります。「子育ては地獄だと思った」とブログに書く人もいるくらいです。では、どうしたらいいのでしょうか?

その接し方が2人称の接し方です。

◎2人称（YOU）の接し方

子育ては2人称の接し方が基本です。

反抗期で変える3つの接し方

第1反抗期　第2反抗期

0 1 2 3 4 5	6 12	12 15	20(歳)
乳児期 / 幼児期	児童期	思春期（中学・高校）	大人

1人称（I）	2人称（YOU）	3人称（They）
親中心。かわいい時期を楽しもう	子ども中心の接し方。親のストレスの1番たまる時期。ストレス緩和の方法を工夫しよう	距離を置いた客観的な接し方。親子それぞれの自立を心がけよう

2人称とは、子どもの立場に立った接し方です。子どもの心は見えません。子どもの表情や言葉の響きから気持ちを感じて察して合わせるしかありません。

「眠そうね」

「お腹がすいているのね」…

子どもの心を感じて、「わかっているよ」とその心を受けとめると、「わかってもらえた」と安心します。ただこの2人称の接し方は、子どもの要求に応じて自分の生活を変えていかなければなりません。親のストレスがたまる接し方です。

どんなに相手にあわせることが上手な人でも、1日中子どものペースに合わせているとストレスがたまるでしょう。そんなときは、1日のうち少しでもいいので、ストレス解消を心がけましょう。

子育てははじめての経験です。わからないことだらけはあたり前。（第5章：179ページ）に、6つのストレス解消方法を書いています。どうぞあなたなりのストレス解消方法を見つけてください。

親が少し変わるだけで、子どもはすぐに変わります。安心して自分のペースで成長することができるからです。子どもが1歳なら親も1歳、子どもが2歳なら親も2歳というように、子どもと一緒に育つくらいでちょうどいいのです。「うまくいかない」。そこから親になることを学びましょう。

◎3人称（THEY）の接し方

第2反抗期を過ぎた頃から、子どもは自分の人生を歩み始めます。この時期に、親が1人称で命令すると、「うるさい」、「うざい」などの反応が返ってきます。

子どもが悩んだり迷っていると、どうしても先導してアドバイスをしたくなるものです。しかし第2反抗期以降は、子どもへの接し方を変えて3人称で接する時期です。3人称とは、子どもと距離を置いた客観的な接し方です。この頃から親は子どもから、子どもは親からそれぞれが自立をする時期になります。これからは、子どもは親の後ろ姿をみながら自分の人生を歩んでいくことでしょう。

今日の言葉

●浩然（こうぜん）の気を養う（孟子）

訳 天地の間に広がっているおおらかなエネルギー（気）を、自分の内部に正しく養えば、物事にとらわれない活力の源泉となる。

3 子どもは楽しいことが大好き！

◆子どもの興味や好奇心をはぐくもう！

赤ちゃんは興味や好奇心を持って生まれてきます。興味や好奇心だらけと言っても過言ではありません。興味や好奇心は命からわいてきたものです。興味や好奇心をとめてはいけません。

生まれて数ヵ月すると、何でも口に入れてなめたり手でさわって、何なのかを確かめようとします。ハイハイやつたえ歩きをするようになると、手の届くところは何でもさわってみようとします。「だめ」、「危ない」、「いけません」と興味や好奇心をとめるより、危ないものは片付けて、赤ちゃんの興味や好奇心をいっぱい満たしてあげてください。

「知りたい」という子どもの中からわきあがる興味や好奇心を、「忙しいから」、「面倒くさいから」という理由で無視するのはもったいないことです。そのうち「なぜ？」、「どうして？」と疑問を持つようになります。質問攻めにされることもあるでしょう。これも短くていいので、できるだけ答えてあげるといいですね。「答えというものがあるんだ」と、知的好奇心が広がります。

すべては子どもの中に答えがあります。これを**「萬物、皆我に備わる（孟子）」**と言います。どうぞ子どもの魂の中から出てくる興味や好奇心を大切に育ててあげてください。

◆子どもは楽しいこと・面白いことが大好き！

子どもは楽しいこと、面白いことが大好きです。「楽しい」、「面白い」と思ったことは、「もう1回、もう1回…」と、飽きるまで何度でも繰り返します。何度も繰り返すので、どんどんできるようになるし、どんどん覚えることができます。

なぜなら「楽しいから」、「面白いから」です。魂からわいてくる楽しいことは、やる気や意欲の源泉です。大人でも、「わくわく楽しい」ことは、「これって楽しい」、「これって面白い」とやる気が出るし元気の源ですよね。

この時期は「できる喜び」、「わかる喜び」、「知る喜び」をたくさん経験させてあげてください。そして自分から積極的に取り組みたくなる好循環の輪に入れて、やる気や意欲を育ててあげましょう。好循環に入れるコツは、「楽しい」か「楽しくないか」が別れ道です。

◆第1反抗期からは子どものペースで！

脳は3歳ごろまでに成人の約70％まで増加していくそうです。この頃は脳を訓練すればするほど、知能指数（IQ）が発達していきます。「3つ子の魂100まで」、「早期教育は早ければ早いほどいい」と言われる理由のひとつです。

とくに誕生してヤダヤダ期までは自我が未発達なので、与えられた刺激に素直に反応します。この頃までは、唯一、親のペースで思う存分に子どもにインプットができる時期と言っていいでしょう。

そしてヤダヤダ期が落ち着いた3歳ごろから、今度は脳のシナプスがからみあって、少しずつ複雑なことが理解できるようになります。教育熱心な方は、数字、ひらかな、漢字の読み書きなどを教えたくなるでしょう。しかしこの頃はすでに自我が出始めている時期なので、子どものペースと親のペースの兼ね合いが難しい時期です。

気をつけて頂きたいことは、たくさん教えようとするあまり、親のペースが強くなり過ぎないことです。せっかく出てきた自我をつぶすことにもなりかねません。

「孟子」の中に、「ある宋人が畑の苗が成長しないのを憂いて、早く成長させようと1本1本の苗を一生懸命に引っ張って、『これで早く成長するだろう』と家に帰ったそうです。その話を聞いて心配になった家の人が畑に行ったら、すべて枯れていた」という話があります。

もっと成長させようと親のペースで引っ張っても、成長の特効薬にはなりません。まずは子どもが何に興味や好奇心を持っているのかを観察して、子どもが集中しているときは、親の許す限りの範囲でいいので、思う存分やりたいことをさせてあげましょう。子どもがやりたくなさそうなことを強いても、効率が悪いばかりです。

◆「無理やり、叱られる、楽しくない」とやりたくなくなる！

ところがよくありがちなケースが、「やってもできなかった」ときです。本人もがっかりしているのに、親も一緒にがっかりしてしまい、「もう1回チャレンジしてみたら」と無理に強制したり、「頑張れ、頑張れ！」と頑張らされると、子どもは楽しくありません。面白くもありません。

さらに、「ちがうでしょう、そうじゃない！」と叱られたり、「だめな子ね」と人格を否定されると、たちまちやる気をなくしてしまいます。繊細な子どもは、1度でもそういうイヤな経験をすると、チャレンジすることに臆病になってしまいます。

やる気を失わせておいて無理やりやらせようとするのは逆効果です。親がやらせようとすればするほど、ますます子どもは「楽しくない」「面白くない」ので、やる気を失います。

これが繰り返されると、がんとしてやらないどころか、意欲ややる気のない消極的な子どもになるかもしれません。赤ちゃんの時は慈母観音のように優しかったお母さんが、幼児期に意欲ややる気を失わせておいて、小学生になると、「宿題しなさい」とガミガミ叱ってもしかたがないですね。ではどうしたらいいのでしょうか？

◆親の言葉かけと工夫がポイント！

1度でうまくできることはありません。何でもすぐにできる子もいません。失敗しない子もいません。何回も繰り返し練習するから、できるようになるのです。

まず親の言葉かけから見てみましょう。

「間違っても、失敗してもいいんだよ。誰でも間違うし、失敗するんだよ」

「やり直せばいいだけだよ」…など、できないことをおそれないような言葉かけをしましょう。

年中さんや年長さんになると、習い事を始めるご家庭も多いでしょう。プール、体操、英語、ピアノ、ドリル教材…。最近は、かけもちで習い事をさせるご家庭も多いと聞きます。

どの習い事も級が進むと難易度が高くなります。シールを貼ったり、帽子の色を変えたり、表彰したりと、業者さんも子どもの励みになるよう工夫しています。親が子どもに教えるコツも業者さんと同じです。「褒められる、お菓子がもらえる、友達と一緒、低い目標から始める…」など、毎日楽しくコツコツをいかに子どもの負担が少なく工夫できるかです。

少し難しいことは、「難しそう」、「できなかったらどうしよう…」と子どもはおじけづくものです。「これができたら、相当スゴイね」など、「すぐにできなくても当たり前なんだ」と、事前に覚悟をさせて取り組む方法もいいですね。

コツコツ努力をしてできたときは、本人は嬉しいものです。ウンと褒めてあげましょう。ほめられると本人は嬉しくてまたチャレンジしたくなります。子どもにとって親から認められ褒められることほど嬉しいことはありません。

この時期は、親の工夫や言葉がけを意識しながら、「できた喜び」、「わかった喜び」、「知った喜び」をたくさん経験させてあげて下さい。

◆プラスの循環とマイナスの循環とは？

「プラスの循環」と「マイナスの循環」の違いをご存知でしょうか。

「プラスの循環」は、「自分ならできる」とプラス思考なので、積極的に自信をもって行動できる良い循環にいる人です。一方「マイナスの循環」の人は、「できなかったらどうしよう」と自分に自信がないために、消極的にしか行動できない人です。

どうしたら「プラスの循環」になれるでしょうか？

「楽しい、面白い」ことは、「もう1回、もう1回」と、何回でも繰り返しチャレンジすることが苦痛ではありません。なぜなら「楽しい、面白い」からです。そして何度も繰り返すのでできるようになります。できた経験は、「自分ならできる」と自信になり、さらにチャレンジしたくなるでしょう。そしてプラスの循環に入ることができます。

「マイナスの循環」は、「褒められた経験が少ない」、「ダメな子ねぇ」など心ない言葉で人格を否定されたことがあり、自分に自信が持てなくなったなどいろいろな要因が考えられます。何故「マイナスの循環」になったのか、その根本の原因をつきとめることも、抜け出す1つの方法です。

◆レジリエンスの力を信じる

人間にはレジリエンスの力があります。「復元力」と言って、柳の枝のように元に戻ろうとする力です。人間には誰でもこの復元力を持っています。とくに子どもの心は柔らかいので、この復元力が限りなくあります。小さい頃の困難の経験は、麦が履まれれば履まれるほど強くなるように、困難を乗り越える強い力に変わります。

このような子どもの持つ柔らかくしなやかな素晴らしい力を信じましょう。親の接し方が少し変わるだけで子どもはすぐに元に戻ります。人間には無限の可能性の力があるからです。

今日の言葉

●「子曰く、これを知る者はこれを好む者に如（し）かず。これを好む者はこれを楽しむ者に如かず（出典：「論語」雍也20）」

訳 知るより好きな人にはかなわない。好きより楽しむ人にはかなわない。楽しいことが一番という意味です。

4 しつけは「心育て」と「生活の自立」の2つ！

しつけは、「心育て」と「生活の自立」の2つに大別されます。「心育て」は、「道徳教育」や「人格教育」とも言われます。この「心育て」と「生活の自立」の2つを合わせて「家庭教育」と言います。

◆「心育て」の大切さ

しかし戦後の「家庭教育」で「しつけ」というと、「生活の自立」だけに関心がいきがちです。「心育て」はおろそかになっています。聞いたことがないという方も多いでしょう。すっかり忘れ去られたようです。では、なぜ「心育て」は大切なのでしょうか。

宇宙のエネルギーは、すべての人に平等です。「Aさんにはあげるけど、Bさんにはあげない」という不公平なことはしません。差別もしません。宇宙は「善」だからです。

太陽の光は、天（上）から地（下）へと降りそそぎます。「順」だからです。さらに私たちは生成化育のおかげで、毎日を健康に過ごすことができます。「健」だからです。

このように宇宙は、「善であり、順であり、健」です。人間は宇宙の一部ですから、宇宙のリズムと人間の身体のリズムはつながり影響し合っています。ですから人間も宇宙のように、「善であり、順であり、健である」ことを心がけると生きやすいのです。**「人の生きるや直（なお）し（論語）」**のように、人は天（宇宙）のように素直だと自分の心の声も聞こえやすくなります。「素直が1番」と言われる所以です。

生まれたばかりの赤ちゃんは、「善、順、健」の心を持って生まれてきます。悪い心をもって生まれてくる赤ちゃんはいません。

ところが成長するにつけて、最初は身近にいる人の心グセに影響され染まりがちです。赤ちゃんの心は柔らかいので、悪にも善にも染まりやすいのです。とくに悪には染まりやすいので、平気で口汚くののしったり、ガミガミ怒ったり、意地悪い人と一緒にいると、その心グセがまるで写真で撮ったかのように子どもに映ってしまいます。

江戸時代の貝原益軒（かいばらえきけん）が八十一才のときに書いた「和俗童子訓（わぞくどうじくん）」を読むと、「乳母選びは気立ての良さが第1条件」と何度も出てきます。子育ては知識や脳の発達に関心がいきがちですが、子どもの「心育て」はとても大切なのです。

◆「生活の自立」のサポート

「生活の自立」は、親のサポートがなくても大人と同じように生活ができることです。

子どもは意志と欲求に満ち満ちています。ヤダヤダ期を過ぎると、さらに子どもの意志が強くなります。「自分でやる、自分でやる」と、なんでも自分でやろうとします。別名「やるやる期」とも言うそうです。

危なくない限り、親の忍耐の許す限り、子どもが満足するまでさせてあげましょう。洋服の脱ぎ着、靴をはく、スプーンを使って食べる…。少しでも自分でできるようになったことは、「できたね」とほめてあげましょう。ほめられると、「できた」ことに自信をもち、つぎのチャレンジにつながります。

しかし、子どもは大人と違って、指先もうまく使えず時間もかかります。やりたくても上手にできません。1度はできたはずなのに、次はできないこともあります。できないときは本人もイライラするでしょう。できたり、できなかったりしながら上手になるのです。

成長の進み方も個人差があります。どの子もまっすぐに順調に成長するわけではありません。進んだり後戻りをしながら成長していきます。上の子はすぐにできても、下の子はできないこともあります。叱られても平気な子どももいれば、同じように叱られると委縮して親の顔色をうかがう子もいます。性格も成長も個人差があるのです。

「生活の自立」のサポートは急ぐ必要はまったくありません。遅いか早いかだけです。大人になれば誰でもできることです。

それより大事なのが「心育て」のサポートです。

◆「心育て」のサポート　～良い心と悪い心を知る～

「心育て」のサポートは、人間の持つ良い心と悪い心を知り、将来立派な人格をめざせるように、自分の心をコントロールできるようになることです。詳しく見てみましょう。

人間には2つの心があります。清く澄んだ「良い心」と、欲にまみれた「悪い心」です。どの人も、「良い心」と「悪い心」の両方を持っています。

しかし両親や身近な人が善良な心の持ち主だったり、お金にも恵まれ不自由なく暮らせると、比較的良い心を維持することができます。反対に周囲に過不足の心を持つ人がいたり、お金に不自由で不遇な生活だと悪い心が芽ばえやすくなります。すると良い心だけを維持するのは難しいものです。

また、同じ環境でも、善悪に染まりやすいタイプとそうでないタイプの人がいます。さらに何不自由なくのんびり育ったにもかかわらず、育っていく過程で不遇や不運を経験すると、心の中でさまざまな感情や葛藤が芽ばえてきます。すると悪い心が芽ばえて、それをコントロールするのは困難になるかもしれません。

そんな逆境や困難など人間のさまざまな感情を経験すると、人間の複雑な心模様がよく見えるようになり、以前のくったくのない性格とは別人のようになり驚くことがあります。

日なたにいると日影はよく見えません。しかし日陰にいると日なたはハッキリ見えます。

同じように、善人は悪人の気持ちはよく見えません。しかし悪人は善人の心が手にとるようによく見えます。だから良い人は、騙されやすいと言いますね。

◆相手の悪い心を「いなす・かわす」したたかさ！

そんな人間の複雑な感情が理解できないと、キョトンとしているうちに人に騙されてしまうでしょう。人間の心の機微がわかったうえで、しなやかでしたたかな心の持ち主になるにはどうすればいいのでしょうか。

日本人は正直で良い人が多いと世界から見られています。しかし相手の心模様に気がつかないと、「だましやすい」と思われるかもしれません。

世界の中には、2枚舌で信用できない人、ウソは日常茶飯事の人、約束は破るものと思っている人など物事の裏表を知り尽くして、悪賢く立ち回る人はたくさんいます。相手に悪い心が生じていると気づいたら、それをかわしたり悪い心を出させないことは大切です。そうしないと不利に扱われたり、いつまでも攻撃が続く可能性があります。

相撲や柔道などで相手の攻撃を迎え打つ方法に、「いなす・かわす」方法があります。「いなす」は軽く扱われないように、まるで相手の頭をコツンと叩くような、ちょっとした威嚇や攻撃やこわさです。「かわす」は、あしらったり避けることで、そんなしたたかさが必要かもしれません。

幼稚園や保育園や小学校で集団生活が始まると、いろんな環境の子どもがいます。一緒にいると、どうしてもケンカやトラブルはつきものです。そんなときに「いじめる」、「いじめられる」ことを心配するより、「何故いじめようと思ったのか」、「何故いじめられたと思ったのか」、「何故仲間はずれをしようと思ったのか」、「何故仲間はずれにされたと思ったのか」などの子どもの心の内を聞くようにしましょう。すると子どもは自分の中に芽ばえる感情を知り、「自分にはこういう感情があったんだ」と自分の心の内を知ることができます。自分の心がわからなければ、人の気持ちもわかりません。自分の心にブレーキをかけることすらできません。

この時期はまだまだ心が未発達です。いろいろな友達がいていろいろな人の心があることを理解するには、相手の感情を子どもに考えさせるちょっとした問いかけは大切です。

たとえば人との関係を作っていく基本は、「人の嫌がることはしない」です。

「そんなことをすると、〇〇ちゃんはイヤだなぁと思うよ」

「〇〇ちゃんも、そうされたらイヤでしょう！」と教えましょう。

「〇〇すると、相手は〇〇と思うよ」と折に触れて「人には心があるんだ」と人の心の複雑な動きを話して、その心を大切にすることを教えてあげましょう。「そんなとき、〇〇ちゃんはどうすればいいと思う？」と質問して考えさせる方法もいいですね。複雑な人間の心がわかるきっかけになります。

感情は自分が経験しないとわかりません。経験した感情について、その取扱い方法を教えてあげられるといいですね。生活のなかでも、おじいちゃんやおばあちゃん、親戚の人や隣人への心配りや気遣いの話をしたり、親がお手本を見せていると自然と身につきます。

では、自分が人を騙したり意地悪をしたくなったときは、どうすればいいでしょうか？　そんなときは、自分の心にブレーキをかけることが大切です。心にブレーキをかけることを「我慢」と言います。

「我慢」や「耐える」ことができないと、人間の魂の根は深まっていきません。根は深いと抜けないし石は重いと動かないように、人間も「我慢」や「耐える」ことができないと、将来の困難にも耐えられません。「我慢」ができると、自分の心をコントロールしやすくなります。これを**「人格を作る」**と言います。自分育てです。

生きていく途上では、道理にかなうことばかりではありません。「なぜ、こんな目にあわなければいけないのだろうか」と、七転八倒のこともあります。人間の真価が問われるのは、むしろそんな時かもしれません。そんな辛苦に耐え、我慢ができるようにならないと、立派な人や人間力の磨かれた人にはなれません。今、叱れない親が多いと言われています。何がいいのか悪いのか、子どもに何をどう伝えたらいいのか、戦後、親さえも教えられていません。「心を育てる」基準がわからなくなっているのです。

5 5つの心のモノサシ（基準）

◆5つの心を育てるモノサシ（基準）を知る

誰でも感情のままに言動するとお互いの関係が悪くなります。そうならないためのアジア共通の知恵が、「仁・義・礼・智・信」の5つの心のモノサシ（基準）です。儒教では「五常（ごじょう）」とも「五徳（ごとく）」とも言って「心を育てる」基準です。1つずつ見てみましょう。

(1) 仁（じん）の心

「仁の心」は、一言でいうと思いやりです。

人に優しく相手の気持ちを大切にする心です。**「己れの欲せざる所は、人に施すことなかれ（論語）」**のように、自分が「イヤだな」と思うことは、他の人もイヤだと思います。「人がイヤなことはしてはいけないよ」と教えてあげましょう。

子どもは基本的に自分中心に行動します。経験しないと人の気持ちはわかりません。「そんなことをすると、○○ちゃんはこんな気持ちになるよ」、「○○ちゃんはどう思っているのかなぁ？」などと質問しているうちに、少しずつ人の気持ちがわかるようになるでしょう。人の気持ちがわからず自分勝手なことを続けていると、嫌がられて人が集まってきません。ひとりぼっちになって淋しい思いをするのは自分です。さらに困っている人、立場の弱い人、年下の人の気持ちを尊重してあげると、その人たちから慕われます。

この「仁の心」は、将来人の上に立つときに大切な心です。なぜなら、人の上に立つと、どうしても多くの人から注目され、それだけの実力があるかどうかを厳しくチェックされます。また地位や名誉や財力は多くの人があこがれるものです。だからこそそれらがあればあるほど人から中傷されることも多いでしょう。そんなときに「仁の心」があると、反感や攻撃は最小限におさまるでしょう。

(2) 義(ぎ)の心

「義の心」は、「良い・悪い」の判断ができる心です。ルールや約束を守ると、「○○ちゃんは安心、まかせられる」と人から信頼されます。ずるい行動や不正をしていると、人から信頼されなくなります。たとえば一緒に遊んでいてルールを守らない友達がいると、その遊びを続ける気が起こらなくなりますすね。

とくに「義の心」で一番大切なことは、「命」です。最近はゲーム上で、架空とはいえ簡単に人を殺せます。以前、事件を起こした子どもに、「どうしてそんなことをしたの?」と聞くと、「だって人を殺したくなったんだもの」と答えたそうです。人の命も自分の命も一番大切です。とくに「いじめ」は人の心を壊したり潰すことになりかねません。しっかり教えてあげましょう。

(3) 礼(れい)の心

「礼の心」は、人と人の間をとりもつ潤滑油です。

人は動物ですから、当然闘争心や競争心があります。人が自分より一歩先に進むだけで、むかついたり嫉妬を感じます。そのぎすぎすした心の潤滑油が、挨拶です。

「おはよう、こんにちは、おやすみ、さようなら」。こういった挨拶をするだけで、人間関係がスムーズになります。人と人との出会いやふれあいの最初も、挨拶から始まります。挨拶ができるだけで、人からかわいがられ親しまれて良い関係が築けるでしょう。「礼を尽くす」ともいいます。

人より先に行くときは、「お先に失礼」。何かをたくさんもらったり良いことがあると、福を分ける意味で、「おすそわけ」と人にあげたりします。「分福」と言います。

こういう心遣いができると、社会生活がスムーズにいきます。お世話になったら、「ありがとう」と感謝の言葉を言いましょう。感謝をされると、またお世話をしようという気持ちになります。「おかげさまで」という言葉は、「あなたのおかげです」と感謝の言葉です。私たちは1人では生きていけません。持ちつ持たれつで多くの人の助けをもらって生きています。

（4）智（ち）の心

「智の心」は、文字通り学ぶ大切さです。学ぶには、コツコツと努力する強い意志が必要です。「繰り返して物事を身につけた」という経験は素晴らしい財産です。それには、「まだまだ」という自反自省の謙虚な心も欠かせません。

（5）信（しん）の心

最後は、「信の心」です。信頼ともいいます。「仁義礼智」の４つの心を実践していると、周りの人や地域社会から自然と信頼されます。社会で働くようになっても、人から信頼されると、仕事も任せられて、めぐりめぐってチャンスが舞い込んでくるでしょう。「あの人に任せれば大丈夫」と信頼され頼りにされるからです。

これらの「仁義礼智信（じんぎれいちしん）」は、儒教の5つの徳目です。アジアの共通道徳と言ってもいいでしょう。人が生きる知恵ですね。

ただ、これらの知恵も「行き過ぎると弊害があり、何事も中庸（バランス）が大切」と説いているのが、左記の戦国武将の伊達政宗と明治時代の文豪の夏目漱石の文章です。「過ぎたるは及ばざるがごとし」です。

今日の言葉

仁義礼智信（じんぎれいちしん）

●伊達政宗

・仁に過ぎれば弱くなる（人を思いやり過ぎれば、自分が弱くなる）
・義に過ぎれば固くなる（義理を重んじ過ぎると、固い人間になる）
・礼に過ぎれば諂いとなる（作法を重んじ過ぎると、きゅうくつだ）
・智に過ぎればうそをつく（頭が良すぎれば、知恵が働きうそをつく）
・信に過ぎれば損をする（人を信じ過ぎれば、損をすることがある）

●夏目漱石

・智に働けば角が立つ（智が過ぎると、人間関係の角がたつ）
・情に棹させば流される（情が深いと、自分の意志が流されてしまう）
・意地を通せば窮屈だ（意地を通せば、衝突してギスギスしてくる）
・とかく、人の世は住みにくい（人づきあいは難しいものだ）

6 自己コントロールのはぐくみ方 ～アクセルとブレーキ～

◆我慢（ブレーキ）の大切さ

親が「5つの心の基準」を子どもに教えないで、「本人のやりたいことだから…」とすべてを許していたらどうでしょうか。わがままどころか人への迷惑にも気がつかない子どもになるでしょう。たとえば「滑り台の上で、長時間順番を待っている子がいるのに譲るように指摘しない」、「静かな図書館で大声で騒いでも注意をしない…」など、やりたい放題の積み重ねを続けていると、将来自分にブレーキがかけられず、「我慢」のできない子になりかねません。

ニュースで有名大学の出身者が破廉恥な事件を起こすことがあります。幼いころから、欲望にブレーキをかける訓練がなかったのでしょうか。大人になっても反社会的な欲望にブレーキがかけられないのでは、人間ではなくケダモノと同じです。

我慢ができると意志が強くなります。意志が強いと、繰り返して物事を身につけることが容易です。勉強もスポーツもおなじです。我慢ができると将来の艱難辛苦を乗り越えられて、心の霊妙な働きの根は深まっていきます。すると大きな器の人物になる可能性が開けてくるでしょう。我慢ができることは、人格を育て鍛える上で大切なことなのです。

◆欲求（アクセル）の大切さ

ところが我慢だけで、欲求が少ないとどうでしょうか。

自動車でたとえると我慢がブレーキ、欲求がアクセルです。ブレーキがなくてアクセルだけだと危なくて事故をおこしてしまうでしょう。しかしブレーキだけでアクセルがないと、自動車は動きません。

では、欲求と我慢はどちらが大切でしょうか。

まずは欲求があることです。欲求がないと我慢も鍛えられません。我慢をさせ過ぎると、従来のいきいきした子どもの欲求を抑圧することになります。「我慢しなさい」と子どもを抑えすぎたり、しつけをしようと、「これはダメ、あれはダメ」と子どもの欲求を抑えすぎて親の言う通りに動かそうとし過ぎると、「つぎは何をしたらいいの」と指示待ち人間になったり、主張の少ないおとなしい子どもになりかねません。「過ぎたるは及ばざるがごとし」です。

最近、叱らない親が多くなった理由に、「我慢をさせると、欲求が少なく覇気のない子どもになるのでは…」という懸念があるのかもしれません。しかし苦労や困難に耐えて生きてきた人間のほうが、将来、魅力的な人間になる確率が高いものです。

この欲求と我慢のバランスの力を自分で身につけることが、「自己コントロール」です。

では、この自己コントロールをはぐくむにはどうすればいいのでしょうか。

◆自己コントロールのはぐくみ方

自己コントロールは、親が強要して身につくものではありません。親が強要していては、自己コントロールは育ちません。自分で考え自分で決めて行動するしかないのです。「する・しない」は、自分の中に答えがあるのです。時間がかかるかもしれませんが、子どもが「お母さんがああ言っている。こう言っている。だけど自分はこうしたい。どうしようかなぁ…」と自問自答して迷っている間は、待ってあげましょう。たとえば公園で、

母「もう夕飯の時間だから家に帰るよ」
子「まだ遊びたいから帰りたくない」
母「じゃぁ、置いていくよ」
子「遊びたいけど、お母さんが帰ると言っている。どうしよう…（葛藤）」

大人になっても、この自己コントロールは困難です。たとえば

自己コントロールのはぐくみ方

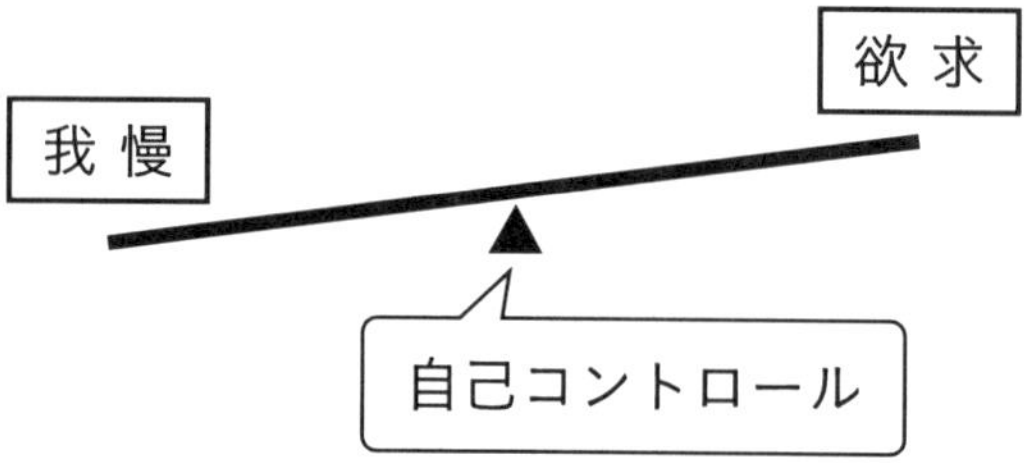

やせたいと思っても食べたい欲求に負けて、つい食べてしまいます。やせるためには食べたい欲求を我慢しなければなりません。我慢と欲求のつなひきです。

幼児期から自己コントロールを意識して育てていると、少しずつ自己コントロールができるようになるでしょう。自己コントロールをはぐくむことは、将来社会に出てから克己や自分を修めるための自分づくり（人格形成）の土台となります。

今日の言葉　「修身」の2つの言葉

1. 修己治人（しゅうこちじん）

訳　自分を修めることができてこそ、人を治めることができる。

2. 皆身を修むるをもって本（もと）と為す。その本乱れて末（すえ）治まる者はあらず（大学）

訳　人はみんな自分を修めることが基本です。基本が乱れて世の中が治まったことはない。

7 「ほめる・教える・叱る」のバランスは？

◆しつけの方法は「ほめる・教える・叱る」

「しつけ」というと、「叱ってしつける」というイメージの人がいるかもしれません。そんな昔風の「しつけ」のイメージのせいか、「しつけ」と称して叱っているうちに、感情が爆発して怒りが止まらない人がいます。

「叱る」と「怒る」は違います。「叱る」とは、前提として子どもに伝えたいことがあるはずです。それらを子どもに伝える方法に、「ほめる・教える・叱る」があります。その方法を見てみましょう。

◆「ほめる」とき

小さい頃は善悪の区別がわかりません。親がほめることが善で、叱られることが悪です。ですからやって良いことはほめましょう。やってはいけないことは教えましょう。その基準は、前項の「仁義礼智信」の5つの心の基準です。

まず「やってよいこと」、「できるようになった」ときは、いっぱいほめましょう。

「○○ができるようになったね」
「○○の我慢ができたね」

何がほめられることなのかがわかるように、具体的な事柄をあげてほめましょう

言葉は生ものです。「この前はねぇ」と過去のことを言っても、子どもは覚えていません。タイミングよく、すぐにその場で具体的にほめることがコツです。すると次もそうしようと思います。

最近は、「天才!」などと大げさにほめすぎる傾向があります。これはおだてと同じです。見えすいたお世辞は効果が薄かったり、自分は偉いと勘違いをしてしまうかもしれません。ただ本人の自信がないときは、「○○ちゃんの良いところはね、頭がいいでしょう、ご飯をいっぱい食べるでしょう、歩けるようになったでしょう、走れるようになったでしょう…」など、ありとあらゆるホメホメ言葉のシャワーや大げさな励ましは効果的です。

◆「教える」とき

「やってはいけないこと」は指摘しましょう。正確には「教える」です。そのとき、「なぜそうしてはいけないか」の理由を短く言いましょう。基準は、「仁義礼智信」の5つの心の基準です。

ただ「教える」と称してくどくど理由を言いすぎると、「これはしてもいいものなの?」と、子どもは行動の基準がわからなくなります。教えようとするあまり、子どもの行動にブレーキをか

け過ぎているからです。

「ママはこう思うけど、あなたはどう思う?」と子どもに考えさせる質問も効果的です。「こうしたい、ああしたい。だけど、ママがこう言っている…」と、自問自答しながら自己葛藤をしているうちに、自分で行動選択ができるようになります。自問自答しながら迷っている間は、面倒でも待ってあげましょう。

何回言っても効果がないときは、「何度言ったらわかるの!」と一方的に叱るのではなく、何回も繰り返し、穏やかに言い続ければいいだけです。

子どもは、すぐにはできません。しかも1度聞いただけでは、すぐに忘れてしまいます。基準がブレずに、折に触れて何回も言い続ければいいだけです。**「当たらずといえども遠からず(大学)」**という言葉があります。「矢が的中せずに当たらないけれど、見当違いの方向には行かない」という意味です。すぐにできなくても、そのうちわかるようになります。

たとえば電車の中で騒ぐときは、「目的の駅に着いたらジュースを買おうね。それまで大人しくできる?」とごほうびを約束したり、滑り台で順番を待てないときは、「押したら危ないよ。じゃあ1回滑ったらお友達に代わろうね」と代替え案を提案したりです。

どの子もほめられたいし叱られたくありません。約束を守れたら、「ほめる」という言葉のごほうびをあげてください。叱って親の言う通りにさせるより効果的です。

◆「叱る」とき

「叱る」ときは、すぐにその行動を止めなければいけない時です。自分や相手にケガや命の危険があるときには、叱って教えなければいけません。「そんなことをすると危ないよ」と、将来危険なことが起こる可能性があることを教えましょう。

「仲間外れごっこ」や危険な遊びをし続けるときは、「コラッ！」と、ポンとお尻を叩いたり、「パパにげんこつをしてもらうよ！」と脅してもいいと思います。いけないことは、身体に痛みを伴ったほうが効果的です。ただし、親のほうが「怒る」にならないように気をつけましょう。

子どもは瞬間に生きています。「ダメなものはダメ！」と、その場でしっかり教えてあげてください。そして叱ったあとにできたことはほめましょう。このように、「叱ってほめる」はセットです。

◆「ほめる3・教える6・叱る1」の按分

「ほめる・教える・叱る」の按分はどうでしょうか？

二宮金次郎は、「ほめる3・教える5・叱る2」と按分を言っています。二宮金次郎は、多くの小学校の校庭に置いてある銅像で有名ですね。仕事をしながら勉強し、勤勉をモットーとした素晴らしい日本人です。

最近は「教える」を多く「叱る」を少なくして、「ほめる3・教える6・叱る1」でもいいと思います。誰でも叱られるとモチベーションが下がり、誰でもほめられるとモチベーションが上がります。しかも「叱る」は毒と同じで、1滴でも効き目は十分です。叱る回数も言葉も少なく効果的に使いましょう。

親は、あせらず、イライラせず、基準がぶれずに、伝えたいことを穏やかに繰り返して言い続ければいいだけです。伝えたいことが「いつできるか、いつからできるか」は子どもが決めることです。5年後かもしれません。10年後かもしれません。自分達が親になって、「そういえば、父母から言われたなぁ…」と思い出す頃かもしれません。子どもはいつも親の後ろ姿を見て育ちます。親の後ろ姿で手本を見せることも効果的です。

◆慈愛と義愛の2つのタイプ

お父さんやお母さんの愛情を2つに大別すると、「慈愛」と「義愛」があります。

「慈愛」は、お母さんの愛で女脳と言います。見返りを求めない献身的な愛で、右脳タイプといえます。

一方、「義愛」は、お父さんの愛で男脳と言います。物事の道理を論理的に伝えようとする愛で、左脳タイプです。

子育てにおける慈愛と義愛は、車の両輪です。慈愛だけでは子どもの甘えと依存が強くなり、義愛だけでは厳しすぎてのびのびできません。子育ては両方が必要です。

最近は女性が男性化して、男性が女性化していると言われています。ですから女性が慈愛で、男性が義愛との区別は適切ではありません。慈愛が強い傾向があるのか、義愛が強い傾向にあるのかです。

あなたは慈愛と義愛のどちらが強いタイプですか。慈愛が強い人は、右脳が強く子どものペースにあわせられるため、子育てが苦痛ではないでしょう。しかし親の我慢ができるために、子どもが周りに迷惑をかけても注意せずに放任だったり、注意しないので子どもは元気でのびのびしているけれど、わがままで我慢のできない子どもにならないように気をつけましょう。

慈愛と義愛の使いわけ

◎慈愛の強い人

・甘やかしすぎない
・子どもの我慢心を育てる
・ほめすぎない
・ダメなものはダメと言う

◎義愛の強い人

・強く言いすぎない
・厳しすぎない
・叱りすぎない
・完璧を求めない

過ぎたるは及ばざるがごとし

このタイプは、「甘やかしすぎない、ほめすぎない、子どもの我慢心を育てる、ダメなものはダメと言う」ように心がけるといいでしょう。

一方、義愛が強い人は、左脳が強く論理的に物事を考える人です。自分のペースで強引に子育てを進める傾向があるために、おとなしい子どもになる可能性があります。このタイプは、「強く言いすぎない、叱りすぎない、厳しすぎない、完璧を求めない」ように心がけるといいでしょう。

また義愛が強い人は、良い子に育てようとするあまり、善行を子どもに強いたり、叱って身につけようとするために親子の仲がぎくしゃくしないように気をつけるといいですね。

夫婦のどちらも義愛が強いタイプの場合、子育ての考え方が一致していることはいいことですが、夫婦2人して同じことを言うために、子どもの逃げ道がなくなり子どもが辛い思いをすることがあります。子どもへの期待が強いほどそれは大きくなりがちです。どうぞ子どものつらい気持ちを察してわかってあげてください。

一方が義愛タイプなら一方は慈愛タイプ。一方が慈愛タイプなら一方は義愛タイプと夫婦のバランスがとれているかどうかを、今1度、振り返ってみましょう。

8 親子のコミュニケーション

◆信頼できる親子関係は「受容」が1番！

「勉強しなさい！」などの親からの一方的な伝達は、コミュニケーションとは言いません。親子のコミュニケーションとは、子どもの心を受けとめ、親の思いを伝える伝達手段です。そのための大前提として、子どもの心を感じる力が必要です。

つぎにありのままの子どもを受け入れましょう。それも無条件にです。これを「受容」と言います。「頑張ったら受け入れる」、「百点をとったら受け入れる」などの「〇〇だったら」という条件付きは受容ではありません。

また親が受け入れているつもりでは片手落ちです。子どもが「自分を受け入れてくれている」と思わなければ、受容ではありません。

「受容」とは、どんな子どもも、どのような状態でも、そのままの子どもを丸ごと受け入れることです。「生きているだけで、百点満点」なのです。

「無条件に受け入れてくれている」と子どもに伝わると、親への信頼がうまれます。信頼があると、心を開いていろいろな話をしてくれるでしょう。

信頼できる親子関係を築くには、「受容」はとても大切なのです。

◆信頼を得るコミュニケーションのテクニック！

信頼を得るコミュニケーションには、少しテクニックがあります。それは子どもの言葉をしっかり聞くことです。「傾聴」と言います。

「傾聴」は、子どもの心を感じながら聴く方法です。具体的なテクニックとして…

- ●子どもの目線と同じ位置にしゃがんで話を聞く
- ●子どもの呼吸や様子に合わせながら話を聴く
- ●「うんうん、そうだね」とうなづく
- ●肯定的な言葉であいづちをうつ
- ●子どもの言葉を繰り返す

このように子どものペースにあわす方法を、「ページング」と言います。子どもは「わかってもらえている」と安心します。

「あいうえお」で覚える方法もあります。

あ…あいづち
い…いいねぇ
う…うなづく
え…えがお
お…おうむ返し

少しこじつけのようですが、覚えやすいですね。

反対に、「そうではない」、「ちがうんだよ」などのあいづちは否定された気がします。たとえば転んで泣いている子どもに、「痛かったね」と言ったら「わかってもらえた」と泣きやむところを、「危ないから早く立ちなさい」と言われると、どうして自分の痛さがわかってもらえないのだろうかと抗議して、さらに泣き続けてしまいます。

また商店街で、「お菓子がほしい」と泣き続けている子どもに、「お菓子なら家にあるでしょ」よりは、「お菓子がほしいから泣いているんだね」と子どもの気持ちを代弁するだけで、「わかってもらえた」と泣きやみます。誰でも自分のことをわかってくれそうな人には、好感が持てるからです。

このように自分の存在を丸ごと無条件に受け入れてもらえ、しっかり話を聴いてもらえると、相手から好感を持ってもらえるようになります。これらは人に好かれるコツです。

◆子どものペースと親のペースは異なる

子どものペースと親のペースは異なります。わかっていても、子どものペースを無視して、親のペースで会話をすることがよくあります。宿題の例で見てみましょう。

「ゲームばかりしてはいけないよ（禁止）」

「宿題を早くしたら？（要求）」

「宿題をしなさい（命令）」

「ゲームをせずに宿題をしてほしいな（願望）」

これらの「禁止・要求・命令・願望」は、みんな親のペースです。いつも親のペースで言われると、「どうせ気持ちをわかってくれない」と話をしたくなくなります。

さらに「これを言うと、叱られるかもしれない」と思うと、言うのをやめたりウソを言ったりします。ウソを言わないといけない子どものやるせない気持ちをわかってあげたいですね。

このような親のペースが続くと、思春期になると「どうせ自分の気持ちをわかってくれない」と、言葉のシャッターをおろしてしまうことにもなりかねません。

教育熱心な親ほど、子どもへの期待度があがります。親の期待に応えることができる優秀な子どもであればあるほど、さらに親から期待されて…と、親の期待は際限がありません。たとえば、夫から、「もっとこういう妻になってほしい」。妻から、「もっとこういう夫になってほしい」と言われたら、どんな気持ちがしますか？ 今の自分を否定されたようで、嬉しくありませんね。

子どもも同じです。「もっと優秀な子どもになってほしい」と期待されると、常にその期待に応えなければならず負担になるでしょう。子どもによっては辛いと感じるかもしれません。子育ての基本は、親のペースではなく子どものペースを尊重する2人称の接し方です。

◆言ってはいけない「5つのひ」

「ほめ方と叱り方」の言葉にもコツがあります。それはほめるときは人を褒めないで、できたことをほめましょう。叱るときは人（人格）を否定しないで、行為を叱りましょう。そして、何がいけないのかの理由を短く言いましょう。その基準は、前回の「仁義礼智信」です。

さらに叱るときに、絶対に言ってはいけない言葉があります「否定・比較・評価・批判・非難」の「5つのひ」です。

- 「ダメな子ね」（存在を否定）
- 「お兄ちゃんは上手にできたよ」（比較）
- 「ウチの子は算数ができない子なんです」（評価、批判）
- 「どうしてできないの」（非難）

これらの「5つのひ」は、絶対に言ってはいけない言葉だと覚えておきましょう。言葉は言霊です。凶器にもなります。気づかないで言い続けていると、心が折れてしまい、自信のない子どもになる可能性があります。「マイナスの循環」に入ってしまい、子どもの成長の足を引っ張ることにもなりかねません。

物心がついて大きな失敗をした経験がないのに、なぜか、「どうせダメだから…」としり込みをしてしまうかもしれません。あとで困るのは子どもです。

とくに親子のコミュニケーションは、「家族だから」という甘えから、安易に会話をしてしまいがちです。しかし「親しい中にも礼儀あり」です。子どもの「成長したい」という成長意欲をおさえないように、そしてストレスを与えないように気をつけましょう。

◆心を開くコミュニケーション術

1.「受容・認知」

まずは、「楽しそう、辛そう、悲しそう、イヤそう…」など、話をしている子どもの心を受けとめましょう。これが「受容」です。「そうだね、そうだったんだね」とプラスの言葉で肯定しながら話を聞き続けたほうが、子どもは心を開いて話しやすくなります。ここで批判・否定・命令はやめましょう。この時点で多感な子どもは、話をやめて口を閉ざしてしまいます。

2.「傾聴・反映」

話を聞きながら、「なんだか疲れているような気がするよ」などと子どもの様子から、親が感じたままを伝えることを「反映」と言います。

3.「質問」

つぎに、質問をしましょう。質問には、「どうだったの？」、「どうしたいの？」など「どう」がつく「どうつき質問」があります。この質問に答えるには、考える必要があります。考えることにより、自分の中の無意識の答えを引き出す効果があります。

4.最後は、「ほめる・励まし」です。

「よくがんばったね」

「○○ちゃんだったらできると思うよ」

ほめられたり励まされると、心が軽く前向きになれます。

心を開くコミュニケーション術

1 受容	→ 2 傾聴	→ 3 質問	→ 4 励まし
認知 子どもの心を感じて、そのまま受容	**反映** 「私はこう感じる」と伝える	**質問** すべての答えは子どもの中にある	**ほめる 励ます** 心が軽く、前向きになれる

9 老子の子育て術

◆老子の「道徳経」について

老子はどんな人だったかご存知ですか？

老子は二千年以上も前の春秋戦国時代の人で、老子に関してはいろいろな説があります。司馬遷が書いた「史記」を見ると、老子は周の国の人で、乱世を逃れて周を去り函谷関にやってきたときに、関所の役人の人の要望でしばらく滞在して書いたのが、「老子道徳経」だそうです。

「道」のことを「タオ」と言い、見えない・聞こえない「道」は、見える・聞こえる「天地」を生み、天地は萬物を生み、人間も生み出したのだから、道のあり様をお手本にして生きると人間として根源的な生き方ができるとした考え方を「タオイズム」と呼んでいます。

また「無為自然」の生き方の「無為」とは何もしないのではありません。流れや全体を見ている、いわば優秀な経営者のような生き方です。さらに「自然」とは「おのずと然り」と書き、「執着せずに自然に任せていると結果的にうまくいく」という自然の流れにまかせる生き方です。無理をせずに自然にまかせながらも、天地の間の気を活用して自分の思い通りにする生き方を「配天（天に配す）」と言い、昔から言い伝えられている巧みの極地です。

◆あなたの子育てレベル度は？

老子「道徳経（順風17）」の文章を、子育て風にアレンジしてみました。子育ての方法を5段階にわけています。現在のあなたの子育て方法は5段階のうちどこですか？

（1）一番下は、５つのひ「否定・非難・評価・批判・比較」を言い続けて、このままだと子どもの人格を傷つけ、「マイナスの循環」に入れかねない接し方の親です。

（2）その上は、子どものペースを重視したやさしい親です。子どもが「イヤダ」というと親のほうが折れて、子どものわがままを許してしまう接し方です。何でも言うことを聞いてくれるので、将来子どもは親を馬鹿にしたり軽視する恐れがあります。

（3）その上は、子どものペースより親のペースを優先して、子どもを思い通りに動かす接し方の親です。子どもからは怖い存在、あるいはウザイ存在と受けとめられています。

（4）その上は、愛情に満ち、子どもから尊敬されている親です。子どもの欲求や望みを優先しながら、「ダメなものはダメ」と理由を言って、子どもの自分コントロール力を引き出しています。

スポーツでいうと優秀なコーチといえます。

(5) 一番上は、いるかいないかわからず干渉しない親です。親が何もしなくても、「子どもは自らが自然に正しく育っていく」という老子の「無為自然」の考え方に基づいた接し方です。しかし自由放任ではなく、しっかり子どもの状態を把握しており、子どもが何か困ったことを相談すると、しっかり話を聞いて対処方法のヒントをくれ、もし「ヘルプ」なら手を差し伸べて抱きしめたり、「あなたなら大丈夫」と励ましてくれる親です。スポーツでいうとすぐれた名監督、会社でいうと名経営者です。子育てでいうと、第2反抗期以降の良き理解者、応援者の立ち位置と言っていいでしょう。

1. あなたは現在どのレベルですか。左図に○をつけましょう。
2. どのレベルになりたいですか？　左図に◎をつけましょう。
3. そのためには、どうしたらいいと思いますか？

（　　　　　　　　　　　　　　　　　　　）

4. そのためには、どうしたらいけないと思いますか？

（　　　　　　　　　　　　　　　　　　　）

今日の言葉

老子「道徳経」(順風17)

太上は、下之（これ）有るを知るのみ。其の次は之に親しみ之を誉（ほ）む。其の次は之を畏（おそ）る。其の次は之を侮（あなど）る。信足らざればなり。悠として其れ言を貴べ。功成り事遂げて、百姓皆我自（みずか）ら然（しか）りと謂へり。

訳 一番上のリーダーのことは、下の人はその存在を知っているのみ。その次は親しまれ誉められている。その次は畏れられている。その次は侮られている。信頼できないからだ。用心深く発言しよう。成功できたのは皆が自分たちが頑張ったからだと思っているが、一番上のリーダーが守ってくれているからだ。

老子流の子育て5段階説

	5	見守ってくれる名監督のような親
	4	教え方も上手で、子どもから信頼されている親
	3	怖い、あるいはウザイと思われている親
	2	子どもを甘やかし、言う通りになる親
	1	子どもを「マイナスの循環」に入れてしまう親

10 子育ては明るい笑顔の家庭から！

◆家族は人間関係の基本

家族は、親子・夫婦・きょうだいから成りたっています。このメンバーが家庭の核となります。しかし親子ケンカ、夫婦ケンカ、きょうだいケンカは日常茶飯事です。家族は一番大切ですが、身近だからこそ最も難しい関係とも言えます。なぜなら身近な人の欠点は目につきやすく、お互いを厳しく評価するからです。あるいは「私が何とか変えなくては…」と思ってしまい、言ってはいけないことを指摘して、それが積もり積もって関係が悪くなることもあります。

とくに夫婦は、生活環境の違う他人が一緒に暮らすのですから、お互いの忍耐が必要です。最も難しい関係と言ってもいいでしょう。だからこそ相手の至らないところは目をつぶるくらいの覚悟がなくては毎日の生活が快適に過ごせないでしょう。このように家族のつきあい方は、人間関係の基本なのです。

子どもにとって、家族は初めての人間関係です。学校に行ったら友達ができ、社会に出たら上司や部下や同僚など人とのつきあいが始まります。ですから家族と上手につきあえたら、社会に出ても上手な人間関係が築けるでしょう。この関係を教えているのが、儒教の「五倫」です。

◆儒教の「五倫（ごりん）」とは？

「五倫」とは、「夫婦別、父子親、長幼序、朋友信、君臣義」の5つです。順番に見ましょう。

1．夫婦別（ふうふべつ）あり

夫と妻の役割は「別だ」という意味です。お互いが同じ方向を向いていると、180度の問題しか見えません。しかも同じ問題でも意見の違いがありトラブルになりかねません。しかし、子どもを中にはさんで、夫婦が背中合わせで別の方向を向いていると、2人で360度が見渡せます。子どもを守ることもでき、すべての問題に対処できるでしょう。しかもお互いが見えないので、トラブルになりにくいものです。昔は、「夫は山に柴刈りへ、妻は川に洗濯へ」、「夫は外で働き、妻は家を守る」と役割を分担していました。最近は共働きが主流となり、協力しながら子育てをするご夫婦が多いでしょう。その場合、夫と妻の役割を別にしたほうがうまくいくという考え方です。保育園に「連れて行くのは夫」、「迎えに行くのは妻」のようにです。

2．父子親（ふししん）あり

親と子は「親しくむつみあう」ことが1番大切です。「生活のしつけや勉強を教える」などしても、「親しくむつみあう」ことが阻害されるのなら、それらは2番手、3番手です。

3．長幼序（ちょうようじょ）あり

宇宙には多くの惑星がありますが、ぶつからずに運行しています。その理由は、秩序正しく動いているからです。同じように、きょうだいも年上と年下の秩序を大切にすると、ぶつからずに上手くいきます。しかし「お兄ちゃんだから」、「お姉ちゃんだから」、「弟だから」という長幼序の決めつけ過ぎは、「過ぎたるは及ばざるがごとし」です。

4．朋友信（ほうゆうしん）あり

友人との間に信頼があると、かりに誤解や齟齬がうまれても、「アイツがそんなことをするはずがない」とお互いの関係が長続きします。そんな信頼で結ばれた友達関係は、人生の宝物です。

5．君臣義（くんしんぎ）あり

今でいうと、上司と部下の関係でしょうか。それぞれが決められた役割をしっかり果たすと会社の機能がうまく働くというものです。

これらの「五倫」は、中国最古の歴史書「書経（しょきょう）」に「五教（ごきょう）」の言葉としても書かれています。２０００年以上も前の言葉ですが、現代でも通用する考えです。

◆家庭は社会のトレーニング場　～「大学」の八条目（はちじょうもく）～

これまで見てきたように、家族は人間関係の基本であり、社会に出る前の練習の場でもあります。「家庭は社会のトレーニング場」とも言われるそうです。

さらに個人・家庭・国・世界の関係を表している言葉として、「大学」のなかに「八条目」という考え方があります。「格物（かくぶつ）・致知（ちち）・誠意（せいい）・正心（せいしん）・修身（しゅうしん）・斉家（せいか）・治国（ちこく）・平天下（へいてんか）」の8つです。この「八条目」を順番に見てみましょう。

1. 格物（かくぶつ）

「この世で起こる現象はすべて自分に関係している」と自分ごとと考えましょう。

2. 致知（ちち）

自分の知能を最大限に活かして、宇宙の摂理や人間把握など萬物の本質を見極めましょう。

3. 誠意（せいい）：自分の心の音を素直に聞く

自分の心からわいてくる声を誠実に聞きましょう。自分の心を偽り続けて、「嫌だなぁ」と思うことを続けているとストレスになります。「疲れた」と思ったら、無理をせずに休みましょう。

4. ← 正心（せいしん）：心を正しくする

怒り、恐れ、心配事などの感情にとらわれていると、正しい判断ができません。見ていても正しく見えないし、聞いていても正しく聞こえないでしょう。とくに自分の子どもは、どうしても感情が偏って正しく見えなくなります。心の偏りをなくして心を正しく保つよう心がけましょう。

5. ← 修身（しゅうしん）：己れを修める

修身とは、喜怒哀楽などの自分の心のコントロールです。誰でもわきおこる怒濤の感情を短時間に修めるには訓練が必要です。東洋思想には、そんな訓練方法が随所にちりばめられています。

6. ← 斉家（せいか）：家が整う

7. ← 治国（ちこく）：国が治まる

8. ← 平天下（へいてんか）：世界中が平和になる

◆子育ては明るい笑顔の家庭から

子育てで大切なことは、家庭の雰囲気です。

家庭が、穏やかで和気あいあいの雰囲気だったらなんと素晴らしいことでしょう。「ただいま」と家に帰ると、ほっと安らぐ場であり、ぐっすり睡眠をとることができ、翌朝元気に「行ってきます！」と学校や会社にいく。家庭がそんなエネルギーを養ってくれる和やかな場であったら、どんなに素晴らしいことでしょう。家庭の雰囲気は子どもに大きく影響します。明るく楽しい雰囲気の家庭づくりを心がけると、子どもの無限の可能性を引き出すことができます。

反対に、家に帰ると怖いお母さんが待っていて、「勉強しなさい」とがみがみ言われて居場所がなく、ゲームをするしか安らぎがないのでは、身体も心も委縮してしまい、のびのびと成長することはできません。家族で責め合っていたら、そこは帰っていく場所ではなく、生きるに堪え難い地獄の場でしょう。

家庭は、家族が安心して帰ることができる場所です。しかしいつも天国のような場所ではありませんよね。「気の許せる場所だけれど、暴言を吐くこともある」。そんなときでも家庭は理屈を超えて許し合う場所でないといけません。その家庭経営の要となるのは、やはりお母さんです。

そう、お母さんは太陽なのです。明るい家庭、笑いや笑顔に満ち溢れた憩いの家庭づくりは、子育てでなによりも大切です。

今日の言葉

論語から「学び」の2つの言葉

1.「学（まな）びて時にこれを習う、説（よろこ）ばしきかな（出典：「論語」学而1）」

訳 学んだことを毎日練習すると上達する。それが喜ばしい。「学習」の出典です。「習う」は、「羽＋白」から成り立っています。羽が白いひな鳥は、何回も羽をバタバタさせて飛ぶ練習をする。だから飛べるようになるのです。「学習」とは、何回も繰り返して学ぶから上達するという意味です。

2.「子曰く、性、相近（あいちか）し。習（なら）い、相遠（あいとお）し（出典：「論語」陽貨2）」

訳 生まれた時の人間性は純で善で違いはあまりないが、その後の学習や環境によって差がでてくる。

第2章　小学生

11 「小学」を読む

◆「知力・人間力・体力」の鍛え方

人間を鍛えるには、「知力・人間力・体力」の3つにわける方法があります。

「文武両道」はご存知の方が多いと思います。「文武両道」をこの3つにあてはめると、「知力」と「体力」です。今でも勉強とスポーツの「文武両道」の鍛錬を目標にしている学校は多くあります。しかし戦後の子育ては、「人間力を鍛える」方法はすっかり忘れたようです。

「人間力を鍛える」とは、自分で自分を磨いて、将来立派な人や社会に役立つ人になることです。そんな人は、心広くゆったりとした存在感のある人間です。あなたのまわりに、「あの人のようだ」と思い浮かぶ人はいますか？　江戸や明治時代には、そんな存在感のある偉人はたくさんいました。

では、そうした人間になるためにはどうしたらいいのでしょうか。

日本の偉人である徳川家康の幼少期は雪斎禅師に、伊達政宗の幼少期は虎哉禅師に学問の教えを受けたことは有名です。当時の禅宗の僧侶は、仏教以外に**四書五経**（P77参照）などの学問をおさめた教養人です。そんな教養のある僧侶から、「立派な人」になるべく東洋思想を学びました。

別名「帝王学」と言います。東洋思想には、このような「人間力を鍛える」方法が随所に書かれているのです。

現代でも人の上に立つリーダーは、四書五経をはじめ佐藤一斎、二宮尊徳、吉田松陰などの偉人が書いた書物や思想を学びます。

なぜならリーダーは多くの人から注目されます。そして「本当にリーダーになる資質があるのか」と、周りの人からいつも厳しい目でチェックされるからです。そのため立派なリーダーになるためには、これらの本を読んで、毎日、自分磨きをする必要があるのです。今でも「部下を持ったら古典を読むように勧められた」と、東洋思想などの古典を学び始める人は多くいます。

では、古典を読んだら、いつ立派な人になれるのでしょうか?

古典はよく「漢方薬のようだ」とたとえられます。その心は、「じわじわと効いてくる」です。「学んで立派な人になる」という志をたてて、10年くらいの時間をかけて、意識して1日を反省して明日に活かす鍛錬をしていると、人生の道理に通じてきます。日ごと賢くなり、一動一静、一話一黙のすべてが的に当たるように的確になり、しかも他人から、「心広

「知力・人間力・体力」の鍛え方

知力	**頭（能力）**を鍛える	学ぶ、考える
人間力	**心（人格）**を鍛える	心の取扱い
体力	**身体（肉体）**を鍛える	体力、行動力

くゆったりと物事に動じない人ですね」と褒められるでしょう。そうしたら、立派な人に近づいたと思っていいと思います。

「修己治人（しゅうこちじん）p45」の意味は、「己を修めることができると、人も治められる」という意味です。

コロナ後の世界は問題山積です。いつ新たな未知の病原菌が世界を襲うかわかりません。地球温暖化による災害の深刻化、地域紛争による政治や国の不安定…。これまでと同じのんびりしたままでは。虎視眈々と狙う国や企業に、経済どころか領土さえも乗っとられるかもしれません。次世代が解決すべき問題は山積みです。

◆「小学」について

小学校に入学すると、本格的な勉強が始まります。ここではまず最初に、「小学」をご紹介します。「小学」は、12世紀南宋の時代に、朱熹（朱子）が、数多い古典から「幼年期に読んだらいい」と選定した文章がまとめられています。その「小学」の中から3篇をご紹介します。

（1）古の小学、人を教えるに、「清掃・応対・進退」

（訳）幼年期に身につけたいことは、「清掃・応対・進退」です。

◎清掃（せいそう）

掃除や整理整頓をしましょう。きれいになると、すがすがしい気持ちになります。さらに掃除や整理整頓上手は、将来の段取り上手や優先順位をつける力をはぐくみます。

◎応対（おうたい）

人に対する受け答えのことです。「〇〇ちゃん」と呼ばれたら、「はい」と返事をしたり、先生や近所の人への受け答えも「応対」です。「応対」がしっかりできるだけで、社会人になっても、「この人は仕事をキチンとしてくれる人だ」と思われます。最近はメールのやりとりで仕事をすることが多いと思います。メールをもらって1日以内に返信することも「応対」です。返事が遅くなるときは、面倒でも「今忙しいので」と前振りをして、いつ頃に返事ができるかを知らせると、仕事相手に安心してもらえます。

◎進退（しんたい）

「遊んだ後は、おもちゃを片付けよう」から始まり、「学校から帰ったら夕食までに勉強を終わらせよう」、「塾に行くまでに宿題を終わらせよう」などの時間管理です。

「サァ、そろそろ宿題を終わらせなさい！」、「明日の学校の準備はできたの？」…など、つい「早く、早く」とまるで羊か馬を追いたてるように、1日中、子どもをせわしく動かそうとしがちです。そうしないと1日が終わらないので、仕方がない気持ちはわかります。ただ指示や命令をする前に、子どもが自分で1日の時間管理や翌日の学校の段取りができるように、ぐっとその言葉を我慢しましょう。将来の始め時、辞め時など進退の状況判断を養う力が身につきます。

(2)孟子曰く、人の道たる飽食暖衣、逸居して教えなくんば禽獣に近し(出典:孟子)

(訳)孟子が言うには、美味しいものを食べたり着飾ったり、快適に生活することばかりを追求して、人間としての「教え」をなくした人は、ケダモノに近い。

生活が豊かになって、「五感(見る、聞く、匂い、食べる、触感)」の追求は際限がありません。売り手はますます五感を刺激した商品を創り出し、購買意欲を掻きたてて利益を得ようとします。しかし1人1人が、それらをほんの少し我慢するだけで、世界の温暖化は減少し持続可能な社会になるでしょう。「人としての教えをなくしてしまったら、ケダモノと同じ」と孟子が言っています。では「教え」とは何でしょうか?

(3)天の命ずる、これを性という。性に率(したが)う、これを道という。道を修むる、これを教

えという。（出典：中庸）

（訳）人間に生まれるとき、天が「人間は大変だからこれを持っていきなさい」と授けてくれたのが、人間性（心）です。この人間性（心）に従って生きることを「道」と言います。この道を修めることを「教え」といいます。

東洋思想の随所に出てくる「教え」を学ぶと、「存在感のある立派な人間になれる」と説いています。この文章は、「小学」の冒頭にありますが、出典は「中庸」の冒頭の文章です。

今日の言葉

●四書五経（ししょごきょう）とは？

「四書」とは「大学、論語、孟子、中庸」の4つの書物を言います。「五経」とは「易経、詩経、書経、礼記、春秋」の5つの書物をいいます。四書五経を学ぶと、道を修め存在感のある立派な人間になれると、日本でも学びの教科書として広く学ばれてきました。

12 「学ぶ」ことの意味

◆「学ぶ」ことの意味

日本の教育制度は、小学校・中学校・高校の6・3・3制です。もっと学びたい人は、大学、大学院に行く人もいるでしょう。さらに海外留学や資格取得のための専門学校、専門性を深める勉強会、趣味のサークルなどと学ぶ機会はいろいろあります。

この項では「学び」について、「大学」の冒頭の文章を見てみましょう。

◎**大学の道は、明徳（めいとく）を明らかにするに在り。民に親しむに在り。至善（しぜん）に止まるに在り**（出典：大学）

（訳）人はなぜ学ぶのでしょうか。何を学ぶのでしょうか。学ぶ意味は、自分の「明徳」を明らかにするためです。「明徳」とは、自分のできる限りのことを他者に尽くすことです。するとその人から感謝されます。さらにそんな明徳の持ち主を慕って人が集まってきます。

信頼関係のある人々が集まると、善の和気あいあいとした善い関係が続くのです。共通した内容を仲間と一緒に学ぶことは楽しい時間です。とくに東洋思想の勉強会は、この「大学」の「明徳を明らかにする。民に親しむ。至善に止まる（三綱領）」にかなっているため、「善の和気あいあいとした良い関係」が続きます。ぜひ仲間を募って東洋思想の勉強会を開催することをおススメします。

◆「学び」の4つの言葉

東洋思想には「学び」に関する言葉がたくさんあります。その中から4つの言葉を見てみましょう。

（1）学びて思わざれば則（すなわ）ちくらし、思いて学ばざれば則ちあやうし（出典：論語）

（訳）学ぶだけで考えなければ、暗くてハッキリしません。しかし考えるだけで学ばないと、独善的で危険です。

（2）教えは外よりして入り、工夫（くふう）は内よりして出づ。内より出づるは、必ずこれを外で験し、外よりして入るは、まさにこれを内に原（たず）ぬべし（出典：言志後録5）

（訳）教えは、本を読んだり人に聞いて外から入るものであり、それを自分の内で工夫して必ず外で試してみましょう。外からの知識だけではなく、自分の内にたずねるべきです。

学んだこと（インプット）が身についたかどうかを外で試す（アウトプット）ことは、学びの基本です。本や教科書を読んだだけで学んだつもりでは、片手落ちです。

たとえば、小学校や塾のテストは、学びのアウトプットと同じです。テスト後に間違った箇所をやり直すことで、さらに基本が定着します。ですから保護者の方は、「百点だった？」と聞くのではなく、「間違えた箇所をやりなおした？」と、答え合わせややり直す大切さを教えてあげましょう。間違えは改善の宝庫です。間違えたからこそやり直すことができます。すると理解も深まるでしょう。少なくとも、「百点ではなかったの？ダメねぇ」などと、親が点数にこだわったり、子どもを否定する言葉はやめましょう。

（3）博くこれを学び、審（つまび）らかにこれを問い、慎みてこれを思い、明らかにこれを弁じ、篤くこれを行う（出典：中庸）

（訳）①「博学」博く学ぶ→②「審問」自分に問うと学びが明らかになる→③「慎思」謙虚に考える→④「明弁」比較・分析して明らかにする→⑤「篤行」実行する。

「学び（インプット）～実行（アウトプット）」までの5つの流れです。学びだけでは意味がなく、学びから実行までが大事だと教えてくれています。

これを夏休みの自由研究の例で見てみましょう。

①博学

自由研究は、多くの小学校で夏休みの宿題になります。何をテーマにとりあげるかは、頭を悩ませるご家庭が多いようです。毎年夏休みの宿題になるのですから、普段から子どもの問題意識や興味を持ったことに注視しておくといいですね。

自由研究のテーマが決まったら、ネットや図書館などで情報のインプットをします。最初は本や図鑑などの情報収集の方法を一緒に調べたりアドバイスをするといいでしょう。しかし主体は子どもです。親が主体になってはいけません。

②審問↓③慎思↓④明弁

良い作品に仕上げるために、子ども自身が「こうしてみよう」、「ああしてみよう」とひらめいたことや気になる箇所を工夫や改良するなど、子ども自身が考えることを大切に見守りましょう。

この②～④までが楽しく面白くなったら、創造性や思考力が広がります。慣れないうちは集中が持続せずに飽きたりつらくなりますが、この創意工夫が、「創造性を磨く」ことにつながります。ここも主体は子どもです。親が主体になってはいけません。

⑤篤行

完成した自由研究を人前で発表したり、他人が見聞きすることを想定して、「もっとこうしてみよう」と見栄えをよくします。「アウトプット」の部分です。

この「中庸」の文章は、「情報収集↓内容の吟味と創意工夫↓作品に仕上げる」という一連の行動を説明しています。大人になっての会社のレポート提出、学術論文作成、本を書くなどのいろいろな表現方法も同じです。この「中庸」には続きの文章があります。

（4）人1たびこれを能（よ）くすれば、己れこれを百たびし、人十たびこれを能くすれば、己れこれを千たびす。果たしてこの道を能くせば、愚（ぐ）と雖（いえど）も必ず明らかに、柔（じゅう）と雖も必ず強（きょう）なり。（出典：中庸）

（訳）人が1回すれば自分は百回する。人が百回すれば自分は千回する。そんな努力ができたら、たとえ愚かな者でも必ず賢明になり、たとえ軟弱な者でも必ず強者になるだろう。

「頭が良い・悪い」、「勉強ができる・できない」ではなく、この努力が「できるか・できないか」の違いだと教えてくれています。

今日の言葉

守破離（しゅはり）

1.「**守**」まず師匠から教わった型を徹底的に「**守る**」ことから修業が始まります。

2.「**破**」師匠の型も含めて、他流派の型を研究することにより、既存の型を「**破り**」ます。

3.「**離**」さらにそれらの型から「**離れる**」ことにより、自分独自の新たな流派を生むことができます。

「**守破離**」は、日本の茶道や武道などの芸道の修業の過程を示したものです。
この手順を踏まないと、世界的に「独創的で素晴らしい」と称賛されるものは創造できないでしょう。

13 1人1人の個性を伸ばす

◆短所より長所を伸ばす！

四角の中に黒い●がありますね。白い箇所が多いにもかかわらず、黒い点が気になる人はいませんか?

黒い点●が子どもの短所、白い箇所が子どもの長所とすると、どうしても黒い点が気になるものです。そして黒い点を白くするにはどうすればいいかと思い、「○○ちゃんはこういう短所があるから直そうね」と、短所ばかりを指摘してしまいがちです。

しかし短所を直そうとすればするほど、子どもは辛くなります。せっかく長所がいっぱいあるのに、だんだん自信がなくなっていくかもしれません。誰でも短所と長所はあります。短所と長所は、「ウラ・オモテ」であり「陰と陽」なのです。

◎『できないことは何か』ではなく、『できることは何か』を見るようにすれば、強みを活かすことができる（ピータードラッガー）

◎どんな人も長所半分、短所半分。短所をなくそうとしなくていい。長所を徹底的に伸ばすことが大切です（感性論哲学者：芳村思風）

「長所半分、短所半分」としても、下図のように、長所を伸ばしているうちに、長所のほうが多くなります。すると短所は目立たなくなるでしょう。短所を直そうとエネルギーを注ぐより、長所を伸ばすほうが効率的なのです。

それでは長所を伸ばすには、どうすればいいのでしょうか？

◆長所の伸ばし方

まずはお子さんの長所と短所を思い浮かべてみましょう。

そして思い浮かべた短所を、長所に言い変えてみましょう。

たとえば、

「そそっかしい↓明るい」

「おっとりしている↓慎重で正確」

「元気が良すぎる↓好奇心が旺盛」などです。

短所を長所に言い換えることにより、長所に目がいくように

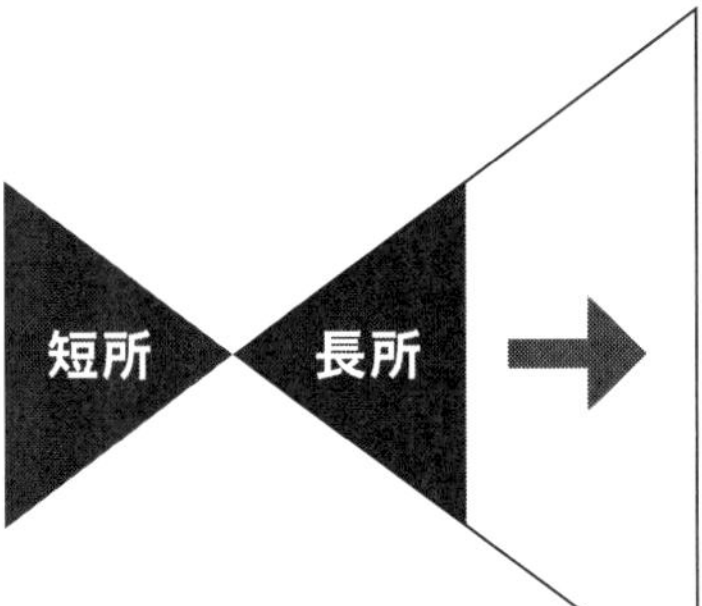

なります。そして「こんな良いところを持っているね」と長所を認めて伸ばしているうちに、子どもも自信がついてきます。長所をみながら生活するほうが、親も子どもも明るく暮らせるでしょう。

◆短所の扱い方

では短所はどうしたらいいのでしょうか。

少し前までは、会社から期待された人材であればあるほど、上司から「1週間休んでもいいから、その短所を直してこい！」などと叱咤激励されたものです。しかし持って生まれた性格は、すぐには治りません。短所ばかりを見てがみがみ叱ったり、何とか短所を直そうとしても短所はなかなかなくなりません。しかも「短所を直せ」と言われると、本人はつらくなります。

個性に「良い・悪い」はありません。1人1人の個性の違いがあり、子どものペースで成長しているのです。「短所はその子の個性」くらいに思って放っておけばいいのです。

「ドラエモン」に出てくるのび太は、ジャイアンのような押しの強さはありません。スネ夫のような小回りの利くタイプでもありません。「のび太は何をやってもダメだなぁ」とみんなに言われながらも、心のやさしい愛されキャラのままにのびのび成長していきます。

「ひと1倍敏感だったり、ひと1倍育てにくかったり…」という性格のお子さんもいらっしゃるでしょう。大変かもしれませんが、「困ったこと」と否定的にとらえるのではなく、1人1人の顔かたちが違うように、短所も長所もひっくるめてその子の個性だとまるごと受け入れてあげて頂きたいと思います。

第2反抗期以降になると、自分で自分づくりが始まります。短所は、本人が「これではいけない」、「人に迷惑をかける」と自分で自覚して直そうとするくらいでちょうどいいのだと思います。天から与えられたそれぞれの個性です。花は花、猫は猫、○○君は○○君、自分は自分です。とんがった個性も人と異なる魅力的なキャラクターとして、将来1人1人の美しい花や実をつけることでしょう。その土台をつくってあげて頂きたいと思います。

◆個性を伸ばす

下図の凹んだところが短所、凸のところが長所としても、短所も長所もみんな合わせてその子の個性です。下図の（1）～（5）にお子さんの長所を書いてみましょう。お子さんの長所を知りそ

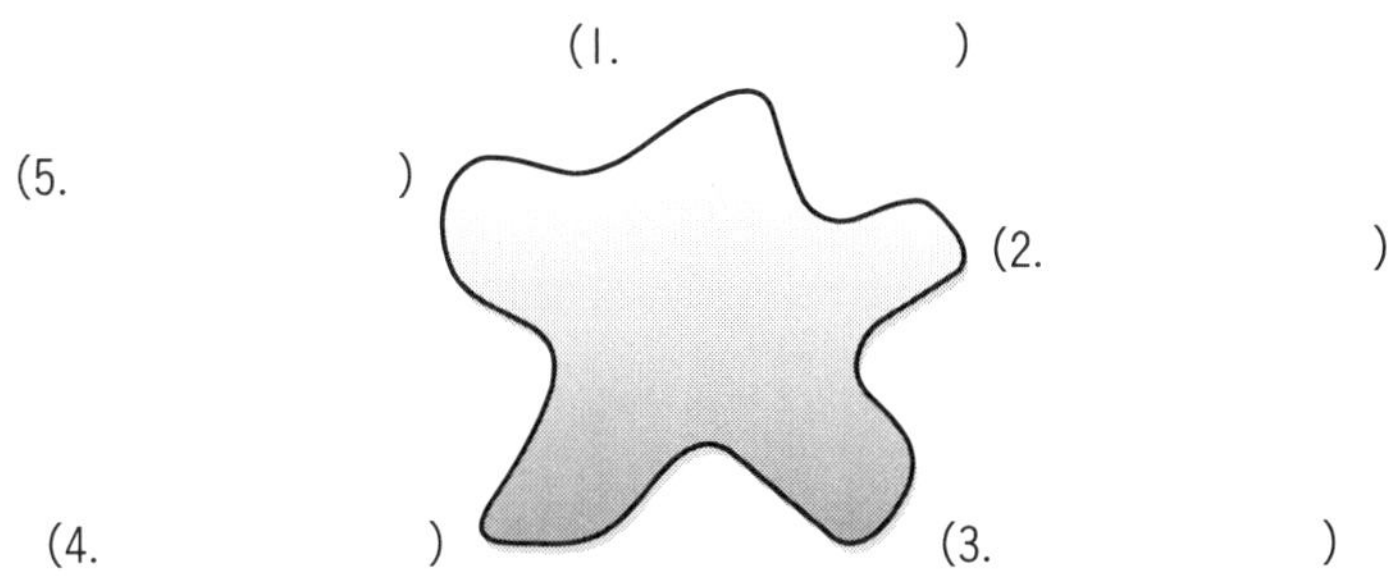

れを伸ばしていると、それが強みとなります。

将来の受験や就職活動にも、その強みを自己アピールとして強調できたり、それが収入のもとになるかもしれません。

今日の言葉

●敏鈍（びんどん）の異なる有りといえども、各々その器（うつわ）を成せり。人は皆学ぶべし。能と不能と無きなり（出典：言志後録4）

訳 性格に「敏い、鈍い」の違いはあっても、天からもらった1人1人の器を大成させるために人は学ぶべし。人によって「できる・できない」の違いなどあるはずがない。

●人各々（おのおの）能有りて器使（きし）すべし（出典：言志晩録66）

訳 人はそれぞれ特有の才能が有るのだから、その器を大きく伸ばして使うようにするといい。

14 子どもの強みや天分の見つけ方！

◆人生は自分の強みを発揮し強化する旅

「人生は、自分の強みを発揮し強化する旅」と言っても過言ではありません。それは1つだけとは限りません。セカンド能力もあります。サード能力もあるかもしれません。もっとあるかもしれません。しかし、小学生のうちは、子ども自身が「自分の能力はこれだ」と見つけることは難しいでしょう。

では、どうすればいいでしょうか？

ノーベル物理学賞を受賞した真鍋淑朗さんは、「好奇心は大事。子ども達にもっと好奇心を持ってほしい」とコメントしていらっしゃいます。真鍋さんの友人は、彼の人柄を「好奇心の塊のような人。いつも喜々として研究している」と語っています。これが強みや天分を発揮するコツかもしれません。

小学生のこの時期は、自然の中でたくさん身体を動かして、心が喜ぶこと、知的好奇心を満たすことを思いっ切り体験させてあげましょう。

「空がきれい」

「風が心地よい」

「公園でいっぱい遊んで楽しい」

「野山や川や海で1日中遊んだ」

「レゴ作りに夢中になって取り組んでいる」など、子どもが喜々として夢中でやっていることを見守りましょう。夢中になって取り組んでいると、子どもの天分や天性が深まって、将来やりたいことを見つけるヒントになるかもしれません。

◆「好き・楽しい」の見つけ方

小学校に入ると本格的な集団生活が始まります。学校ではみんなと同じカリキュラムで行動するために、なかなか自分だけの「好き・楽しい」を見つけにくいものです。日常生活の中で、子どもが「これって楽しいなぁ」と言った言葉を書きとめたり、文字が書けるようになったら、自分で日記をつけるのもいいですね。そのとき、「楽しかった」、「つまらなかった」、「面白かった」だけでなく、心の様子を表現する「言葉さがし」をすると、語彙が広がり楽しいものです。

イヤイヤやっていると、上達は遅く長続きしないでしょう。反対に心がウキウキ楽しいことは長続きをもするし上達も早いものです。もっと上手になりたいときは、専門家にお金を払って教えてもらう方法もあります。

●プール、体操、野球、サッカー、ゴルフ、ラグビーなどの運動系
●ピアノ、バイオリン、お絵かき、歌を歌うなどの芸術系
●囲碁、将棋、オセロなどのゲーム系
●本を読むのが好き
●料理、草花の手入れが好き
●飼っている動物のお世話、家族のお世話、学級の何らかのお世話…

そんな中から、子どもの好きなこと、楽しいことを見つけられたらといいと思います。「これな～に？ 教えて！、教えて！」などと小さい頃から知的好奇心が旺盛な子は、勉強に向いています。自分の心からわきあがってくる楽しい、ワクワク、イキイキなどの「心の好き」をお子さんとの生活の中で見つけてあげて下さい。

◆思風先生の「5つの天分の見つけ方」

「感性論哲学」を提唱している哲学者の芳村思風先生の「天分の見つけ方」をご紹介します。

1. やってみてどうでしたか？ 好きになれそうですか？

頭でやりたいと思ったけれど、行動してみると「どうも好きになれない」ということはよくあります。頭だけで考えることと、実際、行動することは異なります。行動しないと好きかどうかはわからないのです。

まずは体験教室などを利用して行動してみましょう。

2．やってみると、興味がわいてきましたか？

行動してみてどうでしたか？　興味がわいてきましたか？「これってやっぱり好きだなぁ」、「続けてみようかなぁ」とジワッと子どもが思ったようなら続けてみましょう。

3．やってみたら知らないうちに時間がたっていましたか？

好きであれば、「やりなさい」と言われなくても、自分から率先して始めます。「夢中で何かをしているうちに時間がたった」ことは、好きなことです。好きだったら何度も繰り返すので結局うまくなります。

芳村思風先生の「5つの天分の見つけ方」より

1	やってみたら（行動をしたら）、好きになれそうですか？
2	やってみたら（行動をしたら）、興味がわいてきましたか？
3	やってみたら（行動をしたら）、知らないうちに時間がたっていましたか？
4	人より自分のほうが上手だと思いましたか？
5	真剣にとりくんだら問題意識がわいてきましたか？

4. やってみたら、人より自分のほうが上手だと思いますか?

やり続けるうちに「これは他の人より自分のほうが上手いかもしれない」と思ったり、人から「上手だね」と褒められると、自信が出てきてさらに続けたくなります。それは得意なことです。

5. 真剣に取り組んだら、問題意識がわいてきましたか?

続けていると必ず壁にぶつかります。「○○だから失敗したんだ、どうしたらいいかなぁ」と問題意識がわいてきたり、「こうやってみよう」と創意工夫が出てきたらしめたものです。「もう少し続けてやってみよう」と持続できるのは、好きだからこそです。

どうぞ日常生活のなかで、お子さんの強み・天分を見つけてあげて下さい。

今日の言葉

● **「人心の霊、知有らざるなし。ただこの一知、これ霊光なり」**(出典:言志晩録12)

訳 人の心の霊妙な働きは、何でも知りたいという知性があること。この知的好奇心こそは、人間を照らす不思議な光である。

15 目標達成の7つのポイント

◆目標をつくる力をのばす

小学校で将来の夢を書き込むことがあります。

「野球選手になりたい」

「保育士さんになりたい」

「医者になりたい」

「パティシエになりたい」…

いろいろな夢が書いてあり、読んでいると楽しくなります。小学生も5～6年くらいになったら、その夢を達成するための具体的なスケジュールづくりを練習してみませんか。スケジュールを実行することで夢が実現します。そのときのコツを2つご紹介します。

(1) 最初は、小さな目標設定から始めましょう。

「小さな目標」とは、1週間くらい繰り返し行動することでムリなく達成できる目標です。行動を継続しさえすれば目標が実現するので、モチベーションも保てて達成する喜びを感じられます。

たとえば…

●補助輪なしの自転車乗りを毎日30分ほど、1週間続ける（目標：スイスイ）
●一輪車乗りを毎日30分ほど、1週間続ける（目標：スイスイ）
●前縄跳びの練習を1週間続ける（目標：連続20回飛び）…など、毎日の終わりに、ごほうびシールやチェックシートをつけるとメリハリにもなります。無理のない小さな目標を設定して繰り返し行動することにより、達成感や繰り返しの大切さを味わえます。

(2) 目標達成に慣れたら、少し難易度をあげてみましょう。

たとえば…

●プールでクロールを10メートル泳げるようにする
●ピアノの教本一冊を1年間で終える
●縄跳びの二重飛びを10回飛べるようにする…など

お子さんとどんな目標を立てたいのかを話し合うのも楽しそうです。お子さんの強みや長所を見つけて、それを強化する目標もいいですね。気をつけて頂きたいことは、親が目標を決めるのではありません。子ども自身が、自分で達成したい目標をたてることがポイントです。

◆目標の見つけ方7つのポイント

練習として、下記の枠内に3つの目標を記入してみましょう。すぐに3つ書ける人は、もう少し多くてもいいですね。つぎに複数の目標の中から、お子さんが達成したいナンバーワンを選び、達成するためのプログラムを作りましょう。

(1)どのようなことを目標達成したいですか？

達成したい目標を下記に3つ描いてみましょう

(2)下記3つのなかから、最もかなえたい1つの目標を選びましょう

（　　　　　　）

(3)現在の状況は？

（　　　　　　）

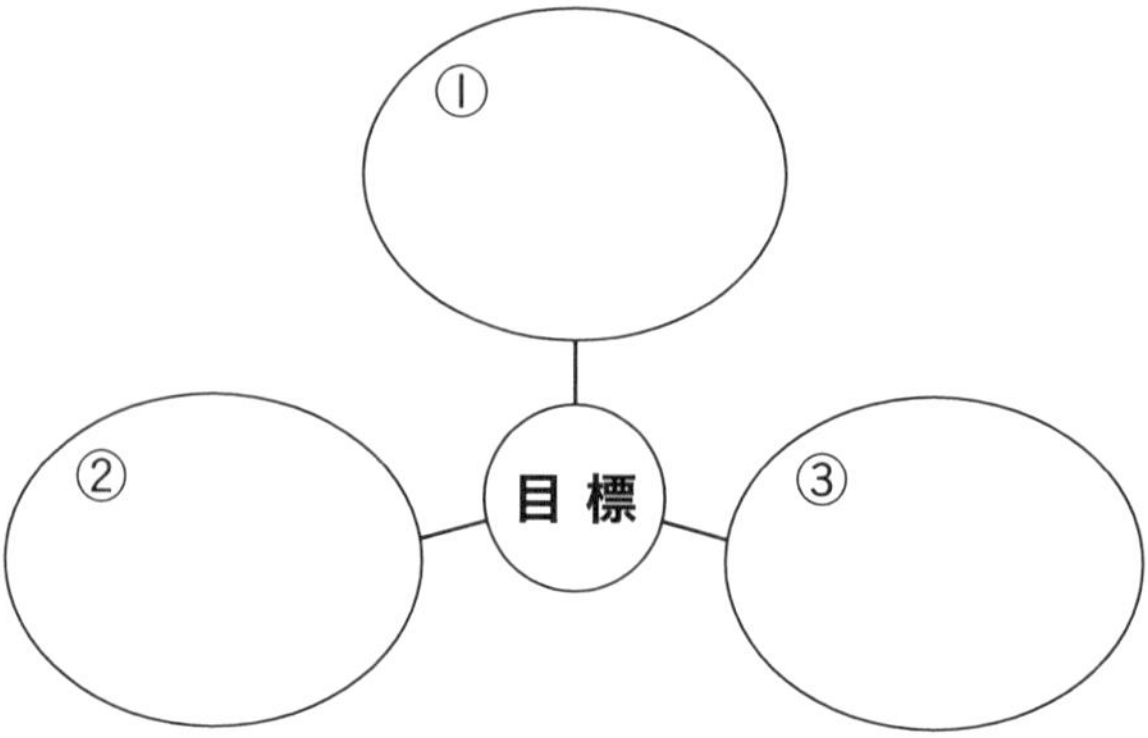

(4)どんな状況になりたいですか?

(　　　)

(5)困難な障害があったら、それは何ですか?

(　　　)

(6)あらたな取り組みは?

(　　　)

(7)お子さんを励ましてあげましょう。例:○○ちゃんならできると思うよ。

(　　　)

(1)~(7)を質問しながら、お子さんが答えたことをカッコ内に書いてあげて下さい。書いてみることで、お子さんのやりたいことがドンドン引き出せます。

「そんなことは無理だよ」と親が決めつけないで、子ども自身が答えたことを、「へぇ~」、「そうなんだね」などと受容しながら書いてあげてください。

ひとつの例として、下図にイチローの小学6年生のときの作文をご紹介します。

この文章は有名なので、ご存知の方も多いと思います。「世界のイチロー」ですから、なかなかみんながイチローのようにはいきません。ただ目標は大きいことでも小さいことでも同じです。

まずは目標を立てること。つぎに、できるだけ具体的な計画を立てることです。すると実行しやすくなります。

計画を立てないと実行すらできません。「計画をたてて実行する」ことを繰り返しているうちに、目標に近づくことでしょう。

イチローの作文

ぼくの夢は、一流のプロ野球選手になることです。

そのためには、中学、高校と全国大会に出て、活躍しなければなりません。

活躍できるようになるには、練習が必要です。ぼくはその練習には自信があります。ぼくは3歳の時から練習を始めています。3歳から7歳までは半年位の練習でしたが、3年生の時から今までは、365日のうち360日は、はげしい練習をやっています。だから、一週間の中で友達と遊べる時間は、5時間～6時間の間です。

そんなに、練習をやっているんだから、必ずプロ野球の選手になると思います。そして、中学、高校でも活躍して、高校を卒業してからプロに入団するつもりです。

そして、その球団は、中日ドラゴンズか西武ライオンズが夢です。

ドラフト入団で、けいやく金は1億円以上が目標です。

16 質問力で考えを深める

◆上手くいかないとき

お稽古事でも勉強でも、続けていると必ず壁にぶつかります。

●頑張っているのに上達しない
●練習しているのに級が上がらない
●勉強しているのに成績がふるわない…

大人だったら自分で原因を考えて対策を立てることができるでしょう。しかし、子どもはまだ小学生です。どうすればいいのかわかりません。そんなとき、親はどうしたらいいでしょうか？
親の悪い対応と良い対応を4つずつ見てみましょう。

【親の悪い対応】

（1）親の期待通りにならないからと「叱る」↓これは、最低の親のすることです。
（2）「もっと頑張れ！」と頑張らせる↓親から頑張らされるともっとやる気が出ません。

（3）親が決めて親の考えを「押しつける」。「お母さんの言う通りにすればいいのよ」
「あなたのためなのだから…」↓これは、命令に似ています。
（4）「そんなことをするから失敗するのよ」↓これは、「脅し」と同じです。

【親の良い対応】

（1）子どもの表情をよく観察して、まずは子どもの気持ちを感じる。

「溌剌としているか、元気はあるか」、「つらそうではないか…」など子どもの気持ちを感じて、子どものあるがままをまるごと受け入れましょう。「よく頑張っているね」、「そのままの○○ちゃんが大好きだよ」と、子どもをギュっと抱きしめるだけでも効果的です。子どもが1番認めてほしいのは、親だからです。（受容・認知）

（2）落ち込んでいたら、話を聴く

「つらそうに見えるけど…」

「元気がないような気がするけど…」

「お母さん（お父さん）でよかったら話を聞くよ」

ここで批判や意見や親の考えは言わないようにしましょう。子どもが話している間は、「そうだったんだね」と、ひたすら子どもの話を「ウンウン」とうなづきながらの傾聴を心がけましょう。するとと安心して自分の考えを言えるようになります。（傾聴）

（3）質問する

「ピンチはチャンス」とよく言いますが、こういう経験こそ子どもが精神的に強くなる貴重な体験です。「この事が良いことになる」と、子どもの生きる強さを信じましょう。

とくに子どものこととなると、親のほうが悩んでしまうかもしれません。しかし子どものために必死でやることが必ずしも子どものためになるとは限りません。うまくいかない時こそどうすればいいのか、子どもの話を聴きながら質問してみましょう。すべての答えは子どもの中にあるからです。これを**「萬物、皆我に備わる（孟子）」**（P23）と言います。そして子どもが考えている間は、親は黙って待ってあげましょう。（質問）。

（4）ほめる、励まし

「そうだったんだね」、「よく話してくれたね」と、ほめたり励ましたりしましょう。自信がないときほど、「○○ちゃんの良いところはね」と、良いところのホメホメシャワーをたくさんあびせてあげて下さい。（ほめる、励まし）

うまくいかなかったり、思い通りにならないときこそ何かに気がつきやすいもの。つぎの「質問力」で、子ども自身の考える力を深めてあげて下さい。

◆質問力で考えを深める

小学5年・6年頃から、ぐんと物事を複雑に考えられるようになります。その考えを無視して親が指示や命令をすると、反発しか返ってきません。さらに、子どもの考えを無視や否定をすると、「どうせわかってくれない」と言葉が重くなるでしょう。とくに男の子は、黙秘して話をしなくなりがちです。

「どう思う?」

「どうしたらいいと思う?」

このような「どう」がつく質問を「どう付き質問」と言います。質問をすると考えざるをえません。考えることを覚えると、考えることが楽しくなります。さらに考えを深める質問の方法を3つご紹介します。

(1)紙やホワイトボードを使って、子どもの考えを文字や図に整理する。

「〇〇ちゃんはこう言いたかったんだよね。まとめたけどどう思う?」と、「どう付き質問」で聞くと、より多様な考えが浮かびます。「少し考えてみる」という答えが返ってくるかもしれません。そうするといっぱしの小さな哲学者です。多彩な質問で、考えを深堀りしてあげてください。

（2）禅の世界でも、「公案」と言って、問いを立てて考えさせることが修行の一環として行われます。**「禅問答（次頁）」**と言います。

（3）ある会社のミーティングでは、質問を3〜5回繰り返して、自分で答えを見つけるようにしているそうです。

「なぜ？」、「どうすればいいと思う？」…。社員から出た言葉から質問を重ねていくうちに、さらに考えざるを得なくなり、再び考えているうちに、「こうしてみよう」と自分で答えが見つかり行動できるそうです。

反対に、「なぜ出来なかったの？」「どうしてできなかったの？」などと否定的な質問を繰り返されると、責められているような感じがして、気が重たくなるでしょう。しかも、厳しい口調で攻撃的に質問をされると、ストレスが重なりうつ状態になってしまうかもしれません。一種のパワハラですね。

今日の言葉

徳川家康と雪斎禅師の禅問答

雪　斎：竹千代（家康）は、孔子という聖人を知っているか？
竹千代：はい、論語の孔子さまですね。
雪　斎：子貢という孔子の弟子が、「政治とは何か？」と尋ねた。
　孔子は「国家には、食と兵と信の3つがないといけない」と答えた。
　その3つを備えられないとき、竹千代は何を捨てる？
竹千代：はい、3つの中で兵が1番軽いので、兵を捨てます。
雪　斎：孔子も同じに答えた。残った食と信のうち、もう1つ捨てるなら何を捨てる？
竹千代：食がないと生きられないので、信を捨てます。
雪　斎：それは何故か？
竹千代：食がないとき、ケンカになったことがあります。
雪　斎：ところが、孔子は竹千代と違って「食を捨てる」と答えた。それは何故と思うか…と、2人の問答は続きます。

雪斎禅師は竹千代（家康）に、質問をして考えさせています。出た答えをもとに、さらに質問をして、もっと考えさせていますね。問答の最後に、「学問に早合点は大禁物だ。この次までにゆっくり考えるように」と諭して、雪斎と1回目の講義は終わります。

17 親のかかわりはココマデ！

◆幅を広げる

小学生の行動範囲は家庭中心に、学校・お稽古事・塾という人が多いでしょう。友達の家に遊びに行く人もいるかもしれませんね。友達の家に行くと、家庭の雰囲気・食事の習慣・きょうだいや親子との関係など、わが家との違いを感じるでしょう。いろいろな家庭があり、家庭による環境の違いを知ると、友達との育ち方の違いもわかって視野が広がります。

また、少しキュークツかもしれませんが、夏休みや冬休みなどの長期休暇を利用して、おじいちゃんやおばあちゃん、あるいは親戚の家に泊まりに行くと、社会性が身につきます。慣れ親しんだわが家では自由気ままに過ごせても、よその家に行くと緊張や遠慮をしたりと、わが家と同じには過ごせないからです。

その他にも…

- 食事時の家族の会話で、親戚や近所のよもやま話や仕事の話をする
- いろんな大人の会話を聞く機会がある
- 子どもだけのスキーや水泳合宿などの校外活動

●長期休暇を利用して、日常生活と異なるグローバルな体験
●山登りや川下りなどの自然とのふれあいや家族との遠出の旅行…

野宿でよく眠れなかったり食べ物がなくなりひもじい体験は、ちょっとした心身の鍛錬です。

このように小学生の時期に、日常生活と異なる活動に参加してさまざまな世界を見聞きすると、将来の人生選択の幅が広がるでしょう。「可愛い子には旅をさせよ」ですね。親にとってもこの時期の家族旅行は、かけがえのないキラキラした宝物のような思い出になります。

◆「しっかり抱いて、下へおろして、歩かせる」

これは子育てを的確にあらわしている日本のことわざです。

生まれてからは、**しっかり抱いて**、「あなたは愛されているんだよ」と愛情を伝えましょう。子どもは安心して育つことができます。

2〜3歳ごろの第1反抗期からは、「自分でやる、自分でやる」と言います。しかし、自分でやりたいのだけれど、なかなか上手にできません。そっと**下へおろして**様子をみましょう。第1反抗期から第2反抗期までは、親の役目は人生の伴走者です。将来、子どもが自分で歩むためのサポートの必要な時期です。

●人の気持ちがわかる子になるだろうか
●自分で状況判断のできる能力が身につくだろうか
●学び考える力がつくだろうか…など心配は尽きません。なかでも大切なことは、自分に自信をもってチャレンジできることではないでしょうか。

「楽しい・面白い・好きだなぁ・これは人より得意…」。あるいは「上手くできない、失敗する、人に負ける、やる気がでない、つらい、泣きたい…」などのいろいろな感情を経験するでしょう。これらの感情は、すべて心の根が深くなる貴重な体験です。

人間には、生まれながらに成長したいという生成化育の力や、麦踏みのように踏みつけられても起き上がる力があります。ぜひ子どものすべてをまるごと受け容れて、子どもの生きる力を信じて応援してあげてください。

そして小学校を卒業して第2反抗期の15歳を過ぎた頃からは、**歩かせる**です。大学受験や就職まで、親の言う通りにさせるのは、過保護というものです。

◆親のかかわりはココマデ！

親はいつまでも子どものことが心配です。子どもから見ると、「親が勝手に心配する」と思うでしょう。なかには心配を作ってまで心配する親もいます。禅の言葉でこれを「執着」と言います。「執着」を手放す4つの禅語を見てみましょう。

●「**放てば手にみてり**」（執着を手放してこそ、大切なものが手に入る）

●「**一切唯心造**」（清も濁も一切すべては心が作り出している）

●「**行雲流水**」（執着をすてて、行く雲や流れる水のようにとらわれず生きてみる）

親は「よかれ」と思うことを強要したり、くどくどとアドバイスをしがちです。とくに子どもが人生の迷路に入り悩んでいたら、「私がなんとかしなくては…」と、アドバイスをしたくなるものです。しかし子どもが求めていなければ、それは無駄なエネルギーです。

●**啐啄同時（そったくどうじ）**（親が先廻りをして早くつつきすぎてもヒナは死んでしまいます。遅すぎても効果がありません。子どもの状態を見てタイミングよく接することが大切です）

これらの禅の言葉は、執着を捨てることを教えてくれる禅語です。それだけ子どもへの執着を手放すことは難しいものです。

子どもの第2反抗期以降は、この「心配」という執着を手放す努力をしましょう。子どもの「成長したい」という生成化育の力を信じて、子ども自身の人生を歩ませてあげて下さい。どうしてもアドバイスをしたいときは子どもの状態を見て、啐啄同時のタイミングを見計らいましょう。

親のかかわりはココマデまでです。親から信じて励ましてもらえることほど、子どもにとって嬉しいことはありません。

◆レジリエンス（何度も立ち上がる）の力を信じる

軽いケガや病気は1週間もすれば回復します。同じように、人間には精神的な傷も回復する力が備わっています。これを「レジリエンス」と言います。（P29）

大転換期の今、これまでの価値観が大きく揺らいでいます。これまでのような「成功へのレール」はありません。こんな時代だからこそ、生き抜く力や乗り越える力はとても大切です。これらの力は順境では身につきません。逆境や失敗から身につく力です。「そんなことだと失敗するよ」と失敗しない方法を教えるより、「失敗から学ぶ」ほうが、よほど「生きる力」が身につくでしょう。「人生は失敗してもいい、やり直せばいいだけ」、「〇〇ちゃんならできる！」と言って育てられた子どもは、失敗しても容易にやり直すことができるでしょう。第2反抗期以降は、人間の持つレジリエンスの力を信じて、どうぞ子どもの良き理解者・応援者で接してあげてください。

今日の言葉

孟子：尽心章句上40

◎君子の教える所以（ゆえん）の者、5つ。
●時雨（じう）のこれを化（か）するが如き者あり
●徳を成さしむる者あり
●才を達せしむる者あり
●問いに答える者あり
●ひそかに淑艾（しゅくかい）せしむる者あり
この5つの者は、君子の教える所以なり。

訳 立派な人の教え方には5通りがある。
1. 優しい雨が草花を成長させるように接する
2. 本人の徳性を活かす
3. 本人の才能や長所を伸ばす
4. 本人が知りたい質問にのみ答える
5. 直接教えずに自分で修得させる

第3章　中学生・高校生

18 第2反抗期は自分さがしの時期

◆2番目の反抗期

人間が成長するときには2つの反抗期があります。1番目の反抗期は2〜3歳頃の「ヤダヤダ期」。「自分でやる、自分でやる」と自我が目覚める頃です。

2番目の反抗期は15歳の頃です。2番目の反抗期は、誰も何も手伝うことはできません。親も何もできません。ただ見ているだけしかできません。そして親から離れて自立していきます。第2反抗期とはそんな時期です。

◆第2反抗期の表れ方

この時期は、友達と楽しく遊びたい年頃です。だからこそ友達にも感化されやすく、いろいろな外的誘惑もあり、問題も起こしやすい時期です。しかも本人の感受性が強い時期なので精神的にも不安定です。自分は天才と思ったり、コンプレックスの塊になったり、鏡を見ながら自分の顔や姿を嫌いになったり、人からどう見られているのかに敏感になったりと精神的にも変動の激しい時期です。

第2反抗期の表れ方は個人差が大きいのが特徴です。子どもによっては文字通り反抗的で親や先生、世の中さえも批判するようになります。また自分の心を深堀りして、「自分は何者だろう」と自分の内面と向き合って自分さがしをする子どももいます。現在の社会の既成概念をすべて疑って壊して、自分独自の概念をイチから組み立てようとするツワモノもいます。

この時期は、本人が一番苦しく、疾風怒濤の時期といってもいいでしょう。だからこそ、この時期ならではの繊細でみずみずしい感性が芽生えます。これらは一生に1度のかけがえのない素晴らしい感性です。まさに「青春」です。

この時期に感じたことを文章や音楽や詩に残しておくと、素晴らしい作品になるでしょう。この時期だけしか表現できない鋭い感性の発露です。

子どもが第2反抗期になったら親はそういう時期だと思って、これまでとは接し方を変えましょう。ではどのように接したらいいのでしょうか？

◆第2反抗期の接し方

多くのことを期待してはいけない時期です。親の命令に従わせようとすると、さらに反抗的になるでしょう。親に従わせようとしては、いけない時期です。

「勉強しなさい」

「社会で成功するには、○○の職業になりなさい」

「親の言う通りにしていれば間違いがない」

「あなたのためなんだから」…などと言ってはいけません。

命令や指示をすればするほど、「うっせいわ！」、「ウザイわ！」と、反抗や反発は強くなるでしょう。親の言う通りにはならない時期です。もし親が言うなら、参考意見にとどめて自分で判断させる時期です。さなぎが成虫に脱皮する間は、見ているだけしか仕方がないのです。

この時期も、親子の信頼を築く接し方のポイントは「受容」と「共感」です。「受容」や「共感」で接していると、親子の信頼関係が築けます。

「どんな状態でも、親だけはわかってくれる」と親から受けとめて許容してもらえたらなんと安心できることでしょう。話を聴いてくれて、「そうだったんだね」、「大変だったね」と共感されるとなんと心強いことでしょう。

第2反抗期からの親のスタンスは、子どもの良き理解者であり応援者です。すると親子間の問題は起こらないでしょう。

子どもは時代を前に進める英知を持っています。「そのために反抗期がある」と思ってはいかがでしょうか。今は時代の大転換期です。既成の体制を改革しないと、社会は進歩しないでしょう。子どもの反抗によって新しい時代が作られていくのです。

◆**自分づくりの旅が始まる**

この時期からは、自分で自分をつくっていく時期です。自分で人格をつくっていくことが本格的に始まる時期です。

生きていると、いろいろな疑問がわいてくるでしょう。人生とは、途上でわいてくる疑問を自分自身に問いながら、「自分で答えを見つける旅」と言っても過言ではありません。

◆**子どもが問題を起こしたら、どうする？**

この時期の子どもは、大人になりきっていないし、社会のしくみもまだよくわかりません。自分とのつきあい方もよくわからない未成熟な時期です。人に迷惑をかけたり、問題に巻き込まれたり、災難に出くわすこともあるかもしれません。

子どもが問題を起こしたら、親はどう対処したらいいでしょうか。こんなとき、「子育てに失敗した」と言う親がいます。一生懸命に生きている子どもに失礼な言葉ですよね。

1番いけないことは、親が「これまでの接し方の何がいけないか」に気がつかないことです。「毒親」と言う言葉がありますが、親が気づかずに、子どもから「毒親」と言われることほど悲しいことはありません。

親は自分の接し方に問題があると思ったときは、弁解をせずに、まず子どもの心の痛みや苦しみを感じてあげないといけません。そうしないと、子どもの心はおさまらないでしょう。

「これまでの接し方に問題があったのに、気づいてあげられずに、ごめんね。許してね」と、子どものことを1番大切に思っていることを伝えてあげてください。

子どもが許してくれないときは、許してくれるまで、「子どもを苦しめて申し訳なかった」という気持ちを持ち続けることです。そうするといつの日か、許してくれる日が来ると思います。

◆人への謝らせ方

子どもは一生懸命に生きています。しかしまだ半人前です。人に迷惑をかけたときは、どうしたらいいでしょうか。

子どもの失敗を叱ったりなじったりするのではなく、まずは、「どうしてこうなったの?」と、本人の話を聞いてあげましょう。本人が一番困っているはずです。

ここでも「受容」です。子どもの感情を丸ごと受け入れてあげて下さい。

つぎに、迷惑をかけた相手のところに子どもと一緒に行って、まずは本人に謝らせましょう。

小学生のうちは、親がさきに謝って、謝り方の見本を見せてあげなければいけません。しかし第2反抗期からの主人公は、本人です。さきに親が謝ってしまうと、本人のためになりません。成人になったら、大人としての社会的責任が生じるのです。親の出る幕はなく、本人がすべての責任を負わなければいけません。
親が一緒にいる今のうちに、事を収めて解決する方法を教えてあげてください。

今日の言葉　言志晩録60より

●少（しょう）にして学べば、則ち壮にして為すことあり
壮（そう）にして学べば、則ち老いて衰えず
老（お）いて学べば、則ち死して朽ちず

訳 少年のときに学んだことは、壮年になってそれが功を奏して役に立つ
壮年のときに学んだことは、老年になってそれが功を奏して気力が衰えない
老年になっても学び続けると、社会に貢献できて、死んでも名声は朽ちない

19 橋本左内の15歳からの自己啓発（その1）

◆橋本左内（はしもとさない）の「啓発録（けいはつろく）」

ここでは幕末志士の橋本左内の「啓発録」をご紹介します。

橋本左内は、１８３４年に福井藩の藩医の家に生まれました。7歳で漢籍、詩文、書道。8歳で漢学を学んだ秀才です。のちに国の政治や14代将軍を巡る将軍継嗣問題に介入したことを問われて、26歳の時に安政の大獄で処刑されました。

この本は、橋本左内15歳のときに、弟の橋本琢磨を啓発する意味で書き与えたとあります。「少年が学問に志すときに目指すべきこと」が5項目にわたって書かれています。講談社学術文庫「啓発録」の訳注を参考に記載しています。早速、見てみましょう。

（1）稚心（ちごころ）を去る

稚心とは、子どもじみた心のことである。

遊びばかりに熱中し、菓子や果物などの甘くておいしい食べ物ばかりむさぼり、毎日なまけて安楽なことばかり追いかけ、勉強や稽古ごとをおろそかにし、いつも親に寄りかかって何もせず、叱られることを嫌って母親に甘えるなどは、すべて「稚心」から生ずる。

幼いうちは責めるほどではないが、13〜14歳に成長して学問に志す年齢になっても、この稚心が残っていたら、何をしても上達せず、将来天下第一等の大人物になることはできない。

稚心を取り除かない間は、いつまでも腰抜けサムライである。立派な武士の仲間入りをするには、第一番に稚心を去らないといけないと考える。

(2) 気を振(ふる)う

「気」とは、人に負けまいと思う負けじ魂と恥辱を悔しく思う気持ちである。それを「振う」ということは、常に負けじ魂と恥辱を悔しく思う気持ちを持って、その精神を奮い起こし、絶えず緊張をゆるめずに努力することである。

この「気」は、生命のある者はみな備えていて、鳥や獣でもひどく気が立っているときは、人に危害を加える。だから人間の場合はなおさらである。その人間の中でも、武士は1番強く身につけているから、「士気」という。

しかし長く無事平穏な時代が続くうちに、武士が持っているはずの気力も弱々しくなり、他人に媚びへつらい、武道の修行を忘れてしまい、遊興におぼれ、何事もまず損得を計算し、ことの是非を二の次にして、大勢につくような情けない武士が多くなった。昨今は「人には負けぬ、恥辱は耐えられない」という男らしく勇ましい気性をすっかり失ってしまっている。まったく嘆くほかない。

士気を引き立て奮い起こし、人には負けない決意を忘れないことが大切である。

(3) 志（こころざし）を立つ

「志」とは、自分の心が向かい赴くところをしっかり決定していくことである。志を抱いたら、なすことなくつまらぬ一生には決してするまいと思うはずである。志を立てて、「この方向へ行こう」と自分の心の向かうところを1度決心したら、その方向をめざして、絶えず努力することである。

- ●書物を読んで悟るところがあった
- ●先生や友人の教えによる
- ●自分が困難や苦悩にぶつかって発憤して奮い立つ…などから、志は定まるものである。

のんきに安逸に日を送り、心がたるんでいる状態では、とても志が定まらない。志の定まっていない者は、魂のない虫けらと同じで、いつまでも少しの向上もない。1度志が立って目標が定まると、日に日に努力を重ね成長を続けられるので、まるで芽が出た草に肥料のきいた土を与えたようになる。

昔から、偉人は目が4つ、口が2つあったわけではない。志が大きく逞しかったから天下に知らない人はないような名声を得ることができた。何事もなしえずに生涯を終えるのは、その志が大きく逞しくないからである。とかく少年の間は、他人のすることに目移りし心が迷いがちである。人が詩を作れば自分も詩を、文章を書けば文章をという具合になりがちである。このように心が迷い出すと、志をとげられない原因となる。

物事の分別する力がついたら、まず自分で将来の目標と達成する方法をしっかり考え定め、先生の意見を聞いたり友人に相談して、自分の力の及ばない部分を補い、そして決心したことを心に刻んで行動をおこさなければならない。

学ぶことが多すぎると目標を見失うので注意しよう。心が迷うときは、まだ志が確立していない証拠といえる。

志を立てる近道は、聖賢の教えや歴史の書物を読んで、その中から深く心に感じた部分を書き抜いて壁に貼ったり紙に書き、いつもそれを眺めて自己を反省し、自分の足りない所を努力し、自分が前進するのを楽しみとすることが大切である。また志が立った後でも、学問に励むことを怠ってはいけない。

（4）学に勉（つと）む

「学」とは「ならう」と同じことで、優れた人物の立派な行いを見習い、自らもそれを実行することを言う。従って、先人の忠義や孝行の立派な行いを習っては、それを慕い真似し、自分も決して負けるものかと努力することが「学」の第1の意義である。

ところがあとの時代になって文字の意味を誤解し、詩や文を作ったり本を読むことだと思っているが、これは間違いである。学問の本旨は、忠孝の精神を養うこと、文武の道を修行する2つしかない。

万が一不幸にして戦乱の時代となった場合は、自分の職務を立派に遂行して外敵を討ち平らげ、世の中の乱れを平定しなければならない。そのためには世の情勢の変化に即応して直ちに政策を処置するなど、日ごろから工夫して修練しておかなければならない。それには学問を自己第1の勉めとして、書物を読んで知識を広めて心胆を練ることが最も大事である。

とはいえ、少年の間はどうしても少ししただけで飽きてしまいがちだが、これは学問をするうえで非常に良くない態度である。

つぎに、「勉める」の意味あいは、自分の力を出し尽くし、目的達成するまで強い意志と努力を重ね続けなければいけない。軽々しく粗雑なやり方では、世の中の実際に役立つ学問にはなり得ない。

(5)交友を択(えら)ぶ

「交友」とは自分が交際する友人のことで、「択ぶ」とは多くの中から選び出すという意味である。

友人には「損友」と「益友」がある。「損友」とは心やすく慣れ親しみ、飲み食いや歓楽を共にし、普段は腕を組み肩を抱き合って、お互いに「親友親友」と呼んでいても、平穏無事なときは、わが人格を向上させるためでもなく、わが危難を救ってくれるものでもない。「益友」とは交際するときに時々面白くないこともある。しかし自分の悪いところを遠慮なく注意してくれたり、戒め正してくれる。

「益友」を見定めるには、

1. 厳格で意志が強く正しい
2. 温和で人情があつく誠実
3. 勇気があり果断
4. 才知がさえている
5. 小事に拘泥せず度量が広い…を目当てにすればよい。

聖賢・豪傑になろうと志す人物は、友人を択ぶには、厳しい目を持たなければならない。

以上が「啓発録」の内容です。今の時代で15歳と言えば、稚心を持って当然の年代にもかかわらず、冒頭から15歳の少年が「稚心をされ」と言っているのですから、そのすごさに恐れ入ります。橋本左内は26歳で処刑されるとき、死罪を予想しておらず、その無念さから泣きじゃくりながら死んでいったと伝わっています

ちなみに、「啓発録」の「啓発」とは、人を教え導き、より高い知性や理解を与えることの意味です。「自己啓発」とも言いますね。ご関心のある方は、ぜひ「啓発録」のご一読をおススメします。

今日の言葉

●「子曰く、憤（ふん）せずんば啓せず、悱（ひ）せずんば発せず。一隅を挙げてこれに示し、三隅を以て反らざれば、則ち復たせざるなり」（出典：「論語」述而8）

訳 孔子先生は、『発憤しなければ物事はひらけないし、口をもぐもぐさせるほど悩まなければひらめかない。四隅ある物事のうち一つのヒントで三隅を考えつくようでなければ、二度と教えないよ』とおっしゃった。論語のこの言葉が、「啓発」の出典です。

20 吉田松陰の15歳からの自己啓発（その2）

◆吉田松陰の「士規七則（しきしちそく）」

吉田松陰が書いた「士規七則」をご紹介します。「士規七則」は、吉田松陰が長州（現山口県萩市）の野山獄に投獄されていたとき、いとこの玉木彦助の15歳の元服に贈った「武士心得七ヶ条」と「要約した3ヶ条」の文章です。「これを読んで感じるところがあったら、成人とみなしていいだろう」と書いています。早速見てみましょう。

（1）人として生まれたからには、人が鳥や獣と違うと知らないといけない。人には、五倫（＊）がある。中でも、「君臣の義」と「父子の親」が大切である。ゆえに、人が人である根本は、忠考の道が基本である。（＊五倫とは君臣の義・父子の親・夫婦の別・長幼の序・朋友の信の5つ。P65参照）

（2）日本人に生まれたからには、日本が世界に伍して尊い理由を知らないといけない。わが国は万世一系（＊）にして、代々身分を世襲している。大名が人民を養い、それぞれが忠義を行い、父の志を受け継いでいる。君臣が一体となり、忠考が一致しているのは、わが国のみのことである。（＊万世一系とは皇室の系統が続いていること）

（3）武士の道で大切なのは義である。義は勇気を出すことによって行動に移され、勇気は義を知ることで成長する。

（4）武士は質実で人を欺かないことが肝要である。人を欺いたり言い繕うことは、恥ずかしいことである。公明正大な生き方であることが、すべての出発点である。

（5）人として歴史を知らず聖賢から学ばなければ、心の貧しい凡人である。本を読み聖人賢人を友とすることは、立派な人間がすることである。

（6）徳を磨き優れた人間に到達するには、恩師や友人の導きによるところが大きい。だから、人との交流は大切である。

（7）「命のある限りやり続け、やむのは死んでからだ」とは、言葉では簡単だが、「死ぬまで学び続けて、やめるのは命がなくなってから」との意味である。意志が固く忍耐強く、断固と志を変えない姿勢がなくてはできないことだ。以上が「士規七則」であるが、要約すると次の3つになる。

◆3つの要約

(1)志を立てることがすべての出発点となす

学ぶ動機と志を明確にしろ!
君は何のために学ぶのか、志を述べよ!
君は世の中にたいして何ができるか。
天下(世界)を相手にしろ!
天下(世界)を意識した勉強をしろ!
大志を抱け!

(2)交友する相手を選び、仁義の行動を助け合う

個性を伸ばせ!
切磋琢磨できる友を選べ!

（3）書を読んで聖賢の教えを学び、わが身に行う

日々努力しろ！

書を読むだけではだめだ。

聖人賢人を友として、立派な人間になれるよう自分を磨け！

◆吉田松陰の「留魂録（りゅうこんろく）」とは？

吉田松陰のことはご存知の方も多いと思います。「留魂録」は吉田松陰が30歳で亡くなる前に、小伝馬上町の牢内で書き残した遺書です。書きあげた翌日に死刑の判決を受け、即日処刑されたそうです。左記は「留魂録」の冒頭にある和歌です。

◎『身はたとひ武蔵の野辺に朽ちぬとも留置（とどめおき）まし大和魂　二十一回猛士』

「留魂録」はわずか約5千字の文章です。第1章から第16章までありますが、その中でも人間の一生を四季にたとえた死生観は有名です。第8章の半ばから見てみましょう。

私は行年30歳。何も成し遂げていなく、このまま死ぬのは育てた穀物が実らなかったのに似て

おり、何と悲しい死と思わざるを得ない。しかし私自身の実を考えれば、充分実をつけた時を迎えた。何故なら人の寿命は定まりがない。農事は必ずしも四季を経るのではない。

10歳で死ぬ者は10歳なりの四季がある。20歳には20歳なりの四季がある。30歳には30歳なりの四季がある。50歳、100くらいの歳にもおのずと四季がある。

10歳で短いというのは、夏蝉を霊椿（長生きの象徴）と望むようなものだ。百歳が長いというのは、霊椿を夏蝉（セミ）と望むようなものだ。いずれも天寿に達したことにはならない。

私は30歳。四季がすでに備わっており実りをつけた。それがモミガラなのか粟の実なのかは、私の知る所ではない。もし同志の諸君の中に、私のささやかな真心を憐れみ、受け継いでくれる人がいたら、日本を憂うる種子は絶えないので、収穫のあった年に恥じないであろう。同志よこの事をよく考えてほしい。

「留魂録」は、門下生達の間でひそかに回覧され写本されました。この影響を受けた同志たちが明治維新のさきがけとなりました。

◆志を持つ人間に育つには

「志」というと、橋本左内の「啓発録」の中にも「志が定まっていない者は魂のない虫けらと同じだ」という記述があります。今の大学生に「卒業したら何になりたいですか？」と聞くと、「何になりたいのかわからない」という答えが返ってくることがあります。大学生にもなって「何のために勉強しているのかわからない」のでは、心が喪失した生き方です。答えられないならもっと小さい頃から、「志」について意識する必要があるでしょう。

決めた目標が自分に向かないと思ったら、やり直せばいいだけです。何度でもやり直しのきく時代です。子どもに「勉強しろ！　勉強しろ！」と口やかましく言うより、「志はあるのか？」、「将来何をやりたいのか？」と子どもに問うほうが効果的です。

今日の言葉

●**志は気の帥（すい）なり（孟子）**

訳　志がしっかり立つと、そこにやる気が集まってくる。

●**志有るの士は利刃（りじん）のごとし。百邪辟易（ひゃくじゃへきえき）す。（言志録33）**

訳　志のある人はよく利く刃物のようだ。さまざまな魔物がしりごみして近づけない。

21 15歳からのライフプラン（立志）

◆「夢・目標・志」の違い

小学校では7月の七夕の頃になると、短冊に自分の将来のなりたい姿やあこがれの職業を書きこみます。読むと微笑ましくなります。これが「夢」です。

中学や高校になると、少しずつ将来どんな道に進もうかと具体的な職業を考え始める人もいるでしょう。進路の実現のためにもっと勉強する必要がある場合は、専門学校や○○大学合格をめざして勉強する人もいるでしょう。これが「目標」です。「目標」を目印にして勉強したほうが、学びの効率はよくなります。では、「志」とは何でしょうか？

「志」を辞書で調べると、「ある方向を目指す気持ち」とあります。志がはっきり定まれば、人はやる気が出て志を実現させられるでしょう。

◆志を立てる大切さ

「志」に関してはさまざまな言葉があります。それだけ大事だからです。志に関する3つの言葉をご紹介しましょう。

（1）少年よ、大志を抱け（Boys, be ambitious）

これは、札幌農学校のクラーク博士の有名な言葉で、「若者は大きな志を持って世に出よ」という意味です。つぎは渋沢栄一の「論語と算盤」に出てくる志を見てみましょう。

（2）志を立てるときは、最も慎重に考えをめぐらせる必要がある。自分のきちんとした考えを組み立てて志を考えないと、目の前の社会風潮に流されたり、一時の周囲の事情にしばられて自分の本領でない方面にうかうかと乗り出してしまい、あとになって後悔をする者が多い。志を立てる要点は、おのれを知り、身の程を考え、それに応じてふさわしい方針を決定する以外にないのである。誰もがその塩梅を計って進むように心がければ、人生の行路において問題が起こるはずはないと信じている。（出典：「論語と算盤」渋沢栄一）

（3）吾れ、15にして学に志す。
30にして立つ。
40にして惑わず。
50にして天命を知る（論語：為政4）
（訳）私は15歳で「自分は学問をしよう」と志した。30歳で学問で身を立てようと思った。40歳でそれに迷わなくなった。50歳でようやく学問が自分の天命だと知った。

孔子先生が言う「40歳で迷わなくなった」ということは、40歳になるまで学問が自分の志なのか迷っていたことになります。小学6年のときに「野球選手になりたい」と志したイチローに比べると、意外と孔子先生は遅咲きだったのかもしれません。

◆志の探し方

では「志」は、どのように探したらいいのでしょうか。これは交番で、「私の志はどこにありますか？」と探し物を聞くようなものです。人に聞いても誰も何も教えてくれません。志は自分で問うて自分で探すものです。再び「論語と算盤」から、「志の探し方」を見てみましょう。

◎自分の長所とするところを細かく比較考察し、その最も得意とするところに向かって志を定めるのがよい（**出典：「論語と算盤」渋沢栄一**）

次頁の「(図1) 過去」、「(図2) 現在」のさまざまな角度から、自分のたな卸しをしてみませんか。志という探し物を自分に問いかける「15歳からのライフプラン」です。

（図１）：過去の自分を振り返ってみましょう！

１．これまで楽しかったことは何ですか？ ・幼稚園時代 ・小学校時代 ・中学・高校時代 ・大学・専門学校時代 ・卒業後から今まで ２．これまで好きだと思ったことは何ですか？ ３．これまで時間を忘れて夢中になったことは何ですか？ ４．これまで集中してやったことは何ですか？

（図２）：現在の自分の思いを記入してみましょう。

「Want（やってみたい）・Need（必要とされている）・Can（できる）」の３つに合致するものが見つかると、それはあなたの探し物です。

１．今、やってみたいことは何ですか？（Want）
２．今、人から必要にされていることがあったら書いてみましょう。（Need）
３．人より得意だと思うこと、よく人から褒められることは何ですか？（Can）

◆孫子の「道・天・地・将・法（どうてんちしょうほう）」

「孫子」は中国春秋時代の軍事思想家である孫武が、これまでの戦争の記録を分析して勝利を得るコツを理論化した有名な兵法書です。「孫子」に出てくる「五事七計」のなかの五事（道・天・地・将・法）の5つの視点にならって、これからのライフプランを有利に戦えるように、左記の5つの視点から現在の思いを具体的に考えてみましょう。

1. 道　Q：10年後（　　）歳、あなたは何をやっていますか？
（　　　　　　　　　　　　　　　　　　　　　　　　　　）
2. 天　Q：それは時代の変化にあっていますか？
（　　　　　　　　　　　　　　　　　　　　　　　　　　）
3. 地　Q：どの分野で1流の人物になりたいですか？　それは自分に向いていますか？
（　　　　　　　　　　　　　　　　　　　　　　　　　　）
4. 将　Q：そのためには、今、どんな資格や能力が必須ですか？
（　　　　　　　　　　　　　　　　　　　　　　　　　　）
5. 法　Q：能力を身につけたり自分に克つために、今から何を始めますか？
（　　　　　　　　　　　　　　　　　　　　　　　　　　）

◆20年後の未来の自分

最後は20年後の未来の自分についてです。解説を読みながら8つを考えてみましょう。

(1)どんな人になりたいですか。

憧れる人、尊敬する人、目標とする人を書いてみましょう。本の中に出てくる偉人、賢人、歴史上の人、あるいは先輩、先生でもいいですね。

(　　　　　　　　　　　　　　　　　　　　)

(2)その人はどんな分野の人ですか?

医学・文学・哲学・スポーツ・先生・企業経営者…など、その人がどの分野で活躍したのかを書くことにより、いろいろな分野があることを知ることができます。

(　　　　　　　　　　　　　　　　　　　　)

(3)どんなところに憧れますか?　理由を書いてみると、具体的になります。

(　　　　　　　　　　　　　　　　　　　　)

(4)その人はどんな困難を経験しましたか?

立派な人は必ず人より多くの困難を経験しています。その人がどのような困難に出会って、それをどうやって乗り越えたのかも知るといいですね。そこを乗り越えたからこそ、人から尊敬される立派な人になれたのです。

（　　　　　　　　　　　　　　　　　　　　）

（5）どんな仕事をしてみたいですか。

「やりたいことがある、やるべきことがある」など具体的な職種を見つけられると、手段がわかります。漠然としていると手段もたてようがありません。

（　　　　　　　　　　　　　　　　　　　　）

（6）どんな生活がしたいですか？

都会暮らし、田舎暮らし、住みたい町など書いてみましょう。具体的な職種があれば、収入はどのくらいなのかも調べてみましょう。

（　　　　　　　　　　　　　　　　　　　　）

（7）そのためには今から何をすべきですか？

具体的に書いているうちに、だんだん目標が明確になります。目標を明確にして、それを達成する方法をしっかり考え定めると、行動すべき内容がわかってきます。

（　　　　　　　　　　　　　　　　　　　　）

（8）20年後、あなたはどんな仕事をしていますか？　直感でいいので書いてみましょう。

（　　　　　　　　　　　　　　　　　　　　）

22 発憤について

何かをきっかけに、心を奮い立たせてやる気を起こすことを「発憤」といいます。あなたはこれまでの人生で、「発憤」した経験はありますか？ 思い出してみましょう。

（　　　　　　　　　　　　　　　　　　　　　　　　　　　　　　　　　）

たとえば…

●試験で〇番に下がって悔しかったので、頑張って勉強した
●仲の良い友達の成功に刺激されて、自分も発憤して頑張った
●「能力がない」と悪口を言われたので、その人を見返すために奮起した…

発憤の経験は多くあるほどいいし、発憤しなければ自己成長はないと言ってもいいでしょう。

◆発憤とは？

東洋思想には、「発憤」の言葉がたくさんあります。

5つの「発憤」の言葉を見てみましょう。

(1)憤の一字は、これ進学の機関なり(出典:言志録5)

(訳)「負けてたまるか」と発憤することは、学問を進め人間を向上させる源である。

(2)如何せん、如何せんと言わざれば、我、如何ともすることなきなり(出典:「論語」衛霊公16)

(訳)「どうしよう、どうしよう」と思わねば、私(孔子)も他の人もどうにもできない。

(3)大憤志(だいふんし:仏教の言葉)

(訳)一人で万人の敵と立ち向かうような気概で大いに志をふるうこと。

(4)臥薪嘗胆(がしんしょうたん)

(訳)薪(たきぎ)の上に寝たり、苦い胆(きも)をなめながら復讐を成功させるために発憤し、長い間苦労に耐え努力を重ねて目的を達成するという中国の故事。

発憤は、短期間頑張って達成できることもあれば、何年間も時間をかけてじわじわと実力をあげて、数十年後にようやく達成することもあるでしょう。戦後、日本では平和な時代が続いてきたせいか、「最近の日本人は大人しい」、「覇気がない」とよく言われます。せっかく志や目標を立ても、「よし、やるぞ！」と本人のスイッチが入らないと、他の人はどうすることもできません。有言不実行になってしまいます。そうならないためのやる気スイッチが、「発憤」です。

(5)「何としても2階に上がりたい！」。この熱意が、ハシゴを思わせ階段を作り上げた。「上がっても上がらなくても、どっちでもいい」と思っている人には、ハシゴや階段は生まれない(松下幸之助)

このように目標を達成するための「発憤」は、とても大切な感情なのです。

◆うまくいかない↓発憤↓目標↓行動

「うまくいかない」、「失敗した」、「負けた」。こんな経験は誰にでもあるでしょうし、これからもあるでしょう。子どもがそんな経験をした時、親はどう接したらいいでしょうか。

子どもによっては、「うまくいかない経験↓発憤」まで時間がかかるかもしれません。発憤は他の人は何も手伝えません。やる気スイッチをオンにするのは自分だけです。

子どもが立ち直るエネルギーが蓄積できるまで、親は温かく見守ってあげたいですね。その後、やる気スイッチが入り行動ができるようになったら目標を立てましょう。

目標には、短期計画と長期計画があります。

◆短期計画と長期計画

短期計画は1日、1週間、1ヶ月、1学期などの短期の目標と行動計画を立てて実行することです。たとえば「1週間に数学のP○〜P○まで理解をして問題を解く」、「歴史の教科書をP○まで覚える」などです。決めた目標を実行することは難しいことです。部屋の壁など目のつくところに目標と行動計画を書いて貼っておくと、目標がブレないでしょう。

一方長期計画は、短期計画を繰り返しながら長期の目標を達成することです。短期計画と長期計画が矛盾することなく、短期計画を軌道修正しながら、「目標→実行」を繰り返していきます。

◆時代の大転換期を生きる

今は「時代の大転換期」です。「時代の大転換期」とは、私たちの暮らしや価値観や考え方などがガラリと変わることです。目標を立て発憤をしてやる気が出ても、時代の変化で変更や境遇が変わることがあるかもしれません。そんな時はどうしたらいいでしょうか。

この大転換期は、150年周期で訪れると言われています。前回の大転換期はいつかというと、今から150年前の明治維新（1868年）の頃です。渋沢栄一の「論語と算盤」には。この時代の大転換期のことが書かれています。その部分を見てみましょう。

◎ふり返ってみると、明治維新のような世の中の変化は、どんなに知恵や能力がある人でも勉強家でも、思ってもみない逆境に立たされたり、あるいは順境が逃げてしまうことが起こってくる。当時、困難な思いをした者は私1人ではなく、かなりの人材のなかにも私と同じ境遇を味わった者はたくさんいたに違いない。大きな変化の時には逃れ難い結果であろう。

ただ逆境に立たされた人は、ぜひともその原因を探り、「人の作った逆境」なのか、「人にはどうしようもない逆境」なのかを区別して、対処方法を立てなければならない。「人の作った逆境」に陥ったら、これはほとんど自分のやった結果なので、とにかく自分を反省して悪い点を改めるしかない。世の中のことは自分次第な面も多く、自分から「こうしたい、ああしたい」と本気で頑張れば、だいたいはその思い通りになるものである。

一方、「人にはどうしようもない逆境」に対処する場合は、天命に身をゆだね、腰を据えて、くるべき運命を待ちながらコツコツとくじけずに勉強するのが良いのだ。時代の大転換期は、立派な人が真価を試される試金石である。（出典：論語と算盤）

「時代の大転換期」は、昨日まで通用していた価値観が突然通用しなくなります。今はそういう時代です。将来の職業選択も「時代の大転換期」だと認識して、心の羅針盤に従いながら、天命を見つける旅だと楽しんではいかがでしょうか。

23 一匹の龍育て「愼独・立腰・克己」

◆3つの自己鍛錬法「愼独・立腰・克己」

この時期は、社会に出る準備段階であり、自分のことだけを考えていても許される時期です。「自分はどう生きるのか」、「これから長い一生をどうデザインしようか…」など答えを探し続ける人もいるでしょう。あるいはこれまでのうまくいかない体験から、自分を見つめ直す人もいるかもしれません。このようなうまくいかない体験からわいた自分への問題意識は、天からの贈り物と言ってもいいくらいです。いろいろな体験や経験を土台にして、自分自身を大きく立派にしていくことを、「人格をつくる」と言います。

そのほか意識をして自分を鍛錬する方法があります。ここでは人格を育て鍛える3つの自己鍛錬法の「愼独・立腰・克己」をご紹介します。

(1) 愼独(しんどく)

愼独は、「独りのときを愼む」と書きます。1人のときも他の人がいても態度が変わらないことです。この愼独は「大学(第2段)」に出てきます。(訳)ですが見てみましょう。

（訳）小人は1人になると、頻繁に不善なことをする。自分の不善を隠して君子であるように振舞おうとしても、ちょっとした人物は、まるで人の肺肝を見抜くような眼力でわかってしまう。だから1人でいるときから自分に厳しくしないと、隠しても無駄である。いつも多くの人の目にさらされていること。多くの人の指摘があることを甘く見てはいけない。だから君子（立派な人）を目指すなら、独りでいるときから自分に厳しくしなさい。

人が見ていないときはだらしないけれど、突然人が部屋に入ってくるとあわてて居ずまいを正したり何かを隠すのは、「慎独」ではありません。1人でいるときも他人がいるときと同じような生活態度ができるには、日頃から自分に厳しく生活する必要があります。それを「慎独」と言い、自己鍛錬法の1つです。

（2）立腰（りつよう）

「背筋を伸ばしなさい」と言われたことはありませんか。立腰は「腰を立てる」と書きます。腰を立てて背筋をまっすぐ伸ばすと、内臓の空間が広がるので腸のぜん動運動や血の巡りが良くなります。猫背やうつむいてばかりいるより、背筋を伸ばしたほうが気持ちもすっきりします。健康にもいいし堂々と見えるでしょう。

さらに、昔から「へその下三寸」の場所を、「丹田（たんでん）」と言い、このあたりは気の集まる場所です。ヘソの緒で母親から栄養をもらっていた近くですから、丹田を引き締めると、まるで大地からのエネルギーをもらうように、ぐっと気持ちが引き締まり、力がわいてきます。江戸時代の日本人は、意識して「立腰」の訓練をしていました。立腰、どうぞ試してみて下さい。

（3）克己（こっき）

克己は、「己れに克つ」と書きます。自分の欲望に克つことです。では「己れに克つ」訓練法はどうしたらいいのでしょうか。

佐藤一斎は、**「克己の工夫は一呼吸の間にあり（言志後録34）」**と言っています。「自分に克つコツは、ひと呼吸の間にできる」という意味です。たとえば、「問題が難しいのであきらめたい…」とき、「もう少し頑張ってみよう！」ともうひと頑張りすることです。「もう少しゲームを続けたい。けれどお母さんが怖い顔になっている」とき、「もう止めよう」と自分の怠惰な思いに打ち勝つことです。このように自分の欲望や怠惰な思いに打ち克つことを、「克己」といいます。

これらの「愼独」「立腰」「克己」の3つを意識して生活をしていると、だんだん自己コントロールが容易になり、忍耐強く、肝が据わり、心も安定するでしょう。

◆自己コントロールを心がけると身につく能力

つぎは自己コントロールを心がけると身につく能力を、「大学」の文章から見てみましょう。

◎「止まるを知りてのち、定まるあり。定まりてのち、よく静かなり。静かにしてのち、よく安し。安くしてのち、よく慮（おもんぱか）る。慮（おもんぱか）りてのち、よく得。物に本末有り。事に終始有り。前後するところを知れば、則ち道に近し（出典：「大学」第一段）

（訳）自分の欲望をコントロールすると心が定まる。心が定まると心が静かになる。心が静かになると心が安定する。心が安定すると他人への配慮ができる。他人への配慮ができると欲しいことが得られる。物には本と末がある。事には終わりと始めがある。前と後ろがある。それがわかれば道理に近くなる。さきに自分が得することを考えるより、自己をコントロールして他者への配慮をさきにするほうが、遠回りのようでも得ることが多い。

◆一匹の龍育て

これからは、「自分で自分の人生を生きる」という自覚が大切です。生きていると大きな問題や小さな問題などたくさんの問題が起こるでしょう。

問題が起きるたびに、「どうしたらいい？」と自分に問うて、問題解決の習慣をつけることが大切です。問題から逃げてはいけません。人や親のせいにしていては自分の実力になりません。

2011年、東日本大震災後に来日されたブータン国王が福島県の小学校を訪問されたときに、「自分の龍を育てよう！」というテーマで、左記のように話をされました。

◎龍は何を食べて大きくなるのか知っていますか？　龍は、経験を食べて成長しています。私達1人1人の中には、「人格」という名の龍が存在しています。その龍は、経験を糧にして強くなれるのです。そして何よりも大切なことは、自分の龍を鍛えてきちんとコントロールすることです。自分のわがままを抑えたり、自分の感情をコントロールして生きていくことは大切なことです。どうぞ自分の中の「一匹の龍」を大切に養い鍛錬してください。

私達一人一人の中にいる「一匹の龍」を鍛えるには、これから襲ってくる悩みや苦しみを自分で解決していく習慣をつけるしかありません。解決するたびに龍が天に向かって上昇するように人格が磨かれていきます。何故かというと、悩みや苦しみを解決していると、「そういうことかぁ」と世の中が明るく見えるようになるからです。自分の灯りが明るくなればなるほど、これから歩む道も明るく見えてくるでしょう。この人格を成長させていくことが「人格をつくる」ことです。

どうぞこの時期からは、お子さんの「**自灯明（じとうみょう）**」を大切に見守ってあげて下さい。

今日の言葉　自灯明（じとうみょう）

●自灯明（禅語）

訳 自分自身の灯りを拠り所として生きていくこと。自分の灯が明るくなれば、困難な道も明るく見えてくる。

●一燈を掲げて暗夜を行く。暗夜を憂うるなかれ。ただ一燈を頼め（言志晩録13）

訳 自分という一燈のあかりを頼みにして暗夜のような人生を行く。暗い夜を憂えてはいけない。自分自身の明かりを明るくして、それをよりどころとして生きていこう。

●汝自らをともしびとし、汝自らを拠り所とせよ。他を拠り所とするな（釈迦）

訳 釈迦が亡くなる直前に、弟子の一人が「師が亡くなられたあとは何を頼りに生きたらいいでしょうか？」と尋ねた。釈迦は「あなた自らを灯りとせよ、他を頼りにするな」と答えられたそうです。

第4章　新社会人

24 新社会人になること

◆**ヒンドゥー教の四住期（しじゅうき）**

インドのヒンドゥー教に、「四住期（しじゅうき）」という考え方があります。人生を年代別に4つのステージにわけて生き方を説いたものです。それぞれを見てみましょう。

（1）学生期（がくしょうき）
（2）家住期（かじゅうき）
（3）林住期（りんじゅうき）
（4）遊行期（ゆぎょうき）

（1）学生期（がくしょうき）：学ぶ時期

誕生して社会人になるまでの学ぶ時期です。家族やまわりの大人や先生などのサポートを受けながら、頭脳・心（精神）・体力を鍛える時期です。さまざまな経験を通して将来の自立を目指す時期です。

（2）家住期（かじゅうき）：家庭や社会で修行していく時期

親から自立して社会でお金を稼ぎながら生活する時期です。結婚をして夫や妻となったり、子どもができて父親や母親になる人もいるでしょう。この時期はいろいろな苦労や困難が押しよせる時期です。まさに修行の時期と言っていいでしょう。

（3）林住期（りんじゅうき）：定年後のセカンドライフの始まりの時期

林住期は、「セカンドライフ」または「第2の人生」などと言われる時期です。子どもも自立し、これからどのように生きるかじっくり考えることができます。お金の心配がないかを確認したうえで、これまでやりたくてもできなかったことなど新しい人生を再スタートしてもまったく遅くはありません。これまでは人生の練習。これからが人生の本番です。自分が本当にやりたいことを見つけ、充実した人生を送ることができます。「黄金期」とも「実りの秋」とも言います。

ヒンドゥー教の四住期

学生期（0～20歳頃）	家住期（20～60歳頃）	林住期（60～80歳頃）	遊行期（80～100歳頃）
学ぶ時期	修行の時期	第2の人生の時期	人生の後じまい

（4）遊行期（ゆぎょうき）：フレイル状態から人生最後までの時期

遊行期は四住期の最後のステージです。人生の終焉に向けて準備をする時期と言えます。太陽が西に沈むように、また潮が満ちたり引いたりして最後は引いていくように人生を終えていきます。人生に悔いがないように、元気なうちから終活を考えてはいかがでしょうか。

◆社会では自分の評価は人が決める

新社会人は、ヒンズゥー教の区分でいうと、「家住期（かじゅうき）」に該当します。「家住期」は「学生期」と異なり、思ってもみないさまざまな困難が押しよせるでしょう。「家住期」からは、そんな悩みや困難を自分で解決しながら、自分の人格を磨いていく時期と言っていいでしょう。これを**事情磨錬（じじょうまれん）**と言います。

事情磨錬とは、日常生活から離れた机上だけの学問や思索とは異なり、実際の生活体験から起こる苦労や困難と向き合って修養することこそ真の学問だと説いたものです。中国の明の時代の王陽明が述べた説で、陽明学の基本的な考え方です。

「働く」ことは社会に参加することです。まず知っていただきたいことは、社会では、自分の評価は人が決めるということです。「自分は仕事ができるのに、会社の評価は低いし給料も少ない…」と思っても、評価をするのは自分ではありません。人が決めるのです。「良い仕事をした」と自分が思っても、他人が評価してくれなければそれは良い仕事にはなりません。では他人に評価してもらうには、どんな能力が必要なのでしょうか。

◆**専門を磨いて経験を積む**

すでに国家資格などを取得して専門分野を持っていたり、これから専門能力を身につける方もいらっしゃるでしょう。専門能力は1つとは限りません。セカンド能力、サード能力…と数々あるでしょう。その時、ただやみくもに本ばかり読んで学ぶ（インプット）よりも、具体的な目的（アウトプット）を明確にしたほうが効率的な学びができます。

たとえば…

● （目的）プレゼンの発表↓（学び）資料づくり、PC操作、人前でのプレゼン能力
● （目的）営業の仕事↓（学び）商品知識を学ぶ、交渉能力、人間把握力

このインプットとアウトプットの関係を、東洋思想の「易経（繋辞下伝）」では尺取虫で説明しています。その部分を見てみましょう。ちなみに、「易経」の繋辞下伝は孔子の文章です。

（訳）尺取り虫が身を屈するのは、次に大きく伸びようとするためです。そして前に進むことが

できます。人間の学問も同じです。家の中での学問は屈した状態です。それを世の中や人の役に立てることは伸びる極致です。伸びる（アウトプット）活動があってこそ、内に屈する（インプット）行動が活きてきます。わが身の内と外が互いに養い合う関係にあるほうが仕事の効率がいいのです。「易経（えききょう）（繋辞下伝）」

たとえば「人前で発表する、仕事をまかせられる、レポートをまとめる…」など、次々と仕事というアウトプットを与えられることは、とても幸せなことです。なぜならそのためにはインプットという学びが必要だからです。そのおかげで専門を磨いたり経験を積むことができます。仕事をまかせられて次から次へと仕事をこなす良い循環ができると、それをクリアしているうちに、人よりすごい能力が身につくでしょう。そのうち「すごい人だね」と感心されるでしょう。

最近は、やる気さえあれば学ぶ手段はあふれるほどあります。しかし学ぶばかりでアウトプットを戦略的に見つけることが苦手の人を多く見受けます。まずはアウトプットを見つけて、それに向かってインプットしたほうが学びの効率はいいのです。

◆トラブルに気をつけよう！

この時期は、遊びやレジャーなどの楽しい誘いが多いでしょう。給料は自分の稼いだお金なので、なんでも自由に使えます。しかしそれを狙った詐欺や金銭トラブルも多いことを覚えておきましょう。実は、私の本業はファイナンシャル・プランナーです。これまで500人以上のお金の個人相談を受けてきました。いろんな年代の相談を受けますが、とくに若い方からお金に絡むトラブルや、「騙された」という相談は多くあります。

●高い商品をつい買ってしまい、後悔している
●投資話に高い金額を払ってしまった
●数百万円の友人の保証人になってしまった…

社会人になりたての頃は、どこに相談したらいいのかわからず、泣き寝入りの方も多いようです。見知らぬ人からの誘い、詐欺的な賭け事、怪しい投資話の勧誘など、断ることが苦手な人や騙されやすい性格の人は、とくによく狙われます。カモリスト（カモになりそうな被害者の名簿）に乗ってしまうと、何度も詐欺的な勧誘の連絡がくるので注意が必要です。「やられた！」、「騙された！」と思ったら、すぐに国民生活センターなどの専門家に相談しましょう。社会では、「うまい話はない」と思ったほうが良さそうです。そういう話を見抜く力も必要です。

25 下坐の修行

◆下坐（げざ）の修行とは？

社会に出て働くと、職場には、同僚・上司・先輩・顧客などいろいろな人間がいます。学生のうちは自分のことだけを考えていれば良かったのですが、社会では、自分勝手で自己中心になったとたんに孤立し嫌われます。さらに先輩や上司の言うことを聞かないと、会社の秩序も壊れてしまうでしょう。

会社に入りたての頃は、職場の右も左もわからないわけですから、人への気配りや思いやりの要領がわからないとうまくいきません。職場こそ自己鍛錬の場と言えるでしょう。

●心を込めてお茶くみをする
●先輩が仕事をしやすいようにコピーとりをする…など、相手のために丁寧に仕事をすると、「気が利く」と重宝がられるでしょう。

禅寺では「作務（さむ）」と言って、お寺の庭を掃き、廊下のぞうきんがけを丁寧にすることを求められます。禅寺の修行と同じように、仕事も「1つ1つ心を込めて丁寧に仕事をする」と周りの人から感心されます。何も山奥の寺にこもって修行をしなくても、仕事は修行と同じなのです。職場こそ修行の場と言っていいでしょう。

この時期は、「自分以外はすべて師」と思い、謙虚にすべてのことから学ぶ姿勢が大事です。そんな生き方を「下坐（げざ）の修行」と言います。宴会の幹事役のように人より下座に座り、参加者のお世話をすることにより人から有難がられるようにです。

「易経（えききょう）」には、一匹の龍が「下坐の修行」をして立派になる順番が書かれています。乾為天（けんいてん）と坤為地（こんいち）です。乾為天は男性的に、坤為地は女性的に、それぞれ6段階を経て、立派な龍になる方法です。

それぞれを見てみましょう。

◆乾為天（けんいてん）

この卦を「乾為天（けんいてん）」と呼び、「天」を表しています。卦には陰（短い線）と陽（長い線）の2種類があり、乾為天は下図のように6本の陽線（長い線）で書かれています。1本ずつに意味があり、1番下の線から人格形成が始まります。

（1）潜龍、勿用。（せんりゅうなり、もちうるなかれ）

田んぼの中に一匹の龍が潜んでいます。しかし今は用いてはいけません。「下坐の修行」をさせて冷水を味わせる時期です。なぜなら本人はまだ未熟だからです。忍耐して勉学に勤めさせて、しかるべき時期を経ないといけません。

（2）見龍、在田。（けんりゅう、でんにあり）

少し成長して、こんな人物がいると田んぼから目立つようになりました。徳はすでに現れてきましたが、まだまだ下っ端です。正しいときに正しいことを言い、言葉使いや行いも正しく良い仕事をしても慢心がないことが必要です。

（3）君子終日乾乾、夕惕若。厲无咎。（くんし、しゅうじつけんけん、ゆうべまでてきじゃくたり、あやうけれどとがなし）

活躍するにはまだまだです。一日中自己成長の努力をやめてはいけません。終日元気に過ごし、夜は今日1日の自分が至らなかったことを反省して明日に活かそうとしています。人から羨まれて危険な地位にいますが、悪いことは起こりません。

(4)或躍在淵。无咎。(あるいはおどりてふちにあり。とがなし)

龍は飛ぼうか飛ぶまいか決心がつかないままに、田の淵で跳んだり止めたりして進退を決しかねて迷っている時期です。まだ進退が定まりませんが、そろそろ人の上にたつ準備ができた状態です。自分の可能性を試して、いろいろな経験を積んで器を大きくする時期です。悪いことは起こりません。

(5)飛龍在天。(ひりゅう、てんにあり)

龍が時を得て、最も理想的に天を飛ぶ時期になりました。社会に認められて人の力も集まり、社会に貢献するリーダーになる時期です。

(6)亢龍有悔。(こうりゅうなり、くいあり)

1番上に昇りすぎて、高いところから降りられない状態です。後ろを振り返っても誰もついてこず孤独で危ない状況です。この状況にならないように、謙虚に自分への反省や戒めが必要です。

◆坤為地(こんいち)

この卦は、「坤為地(こんいち)」と呼び、「地」を表しています。

天（乾為天）と地（坤為地）ができて萬物が生じる意から、64卦ある順番は「乾為天」の次に置かれています。6本の陰線（短い線）で書かれており、1本ずつに意味があります。

（1）履霜堅冰至。（霜をふんで、けんぴょういたる）

日が全然当たらず、水が凍って堅い氷になったような、そんな一日中寒く下働きをするような場所にいます。まさに「下坐の修行」の位置です。

（2）直方大、不習无不利。（ちょくほう大なり、習わざれども利あらざるなし）

この龍は柔順だけでなく心根が誠実でないと、立派な龍になりません。

（3）含章可貞。或従王事。无成有終。（しょうをふくむ、貞にすべし）

心に明るさがあり、能力も少しずつ光り輝く時期です。しかしまだまだ自分の美徳を隠して臣下として固守し自分の功績を主張せず、上から命じられるままに謙虚に仕事をする時期です。

それができるのは、知恵が広大だからです。

(4) 括嚢、无咎无誉。(ふくろをくくる。とがも誉れもない)

まだ目立つ行動をしてはいけません。袋の口をくくるように、感情をむき出しにしないことが大切です。能力を隠し慎めば、虚名も得られませんが人から嫌われません。

(5) 黄裳、元吉。(こうしょう、げんきつなり)

ここまで慎んで研鑽に励んでいると、柔順な徳が充満して、上にいながら心は謙虚で優しく、その光が自然に外に現れてくるでしょう。

(6) 龍戦于野。其血玄黄。(龍、野に戦う。その血げんおう)

坤道の極みは陽に匹敵しています。長年の陰徳を忘れて、驕り高ぶり心根が陰険なままだと、黒く黄色い血を流すように相手も自分も傷つけあうので注意が必要です。いつも明るく笑っているようにしましょう。

易経は、中国の古代から国の大事を決定する占いの書として使われてきました。すべてのものは変化しますが(変易)、一定の変わらない法則がわかれば(不易)、シンプル(易簡)に将来を予測できるとした書です。その他にも人生の箴言書としても読むことができます。

26 失敗や苦労を活かす！

◆人生の波動を知る

人生には波動があります。波動が上昇しているときは陽。なんでもスムーズに進んでいきます。波動が下降しているときは陰。何をやってもうまくいきません。この上昇と下降の波動をサイクル（循環）と言います。経済にも循環があります。

●3〜4年のキッチン循環、
●約20年のクズネッツ循環、
●約60年のコンドラチェフ循環と、名前がつけられているくらいです。

このように循環には、大きな循環と小さな循環があります。現在は数百年に1度の大転換期と言われていますから、とても大きな循環だということがわかります。

同じように、個人にも循環があります。「今年は厄年だから…」と、よく言いますね。悪いことは気にしても仕方がありません。それよりも問題が起きたりうまくいかないときは、「今までのままではダメだ。気づけ！ 変われ！」と、天から言われていると思い、自分を変えるように切磋琢磨してはいかがでしょうか。そんな苦労を言志四録の「言志録59」ではどのように書いてあるのかを見てみましょう。

◎患難変故（かんなんへんこ）、屈辱讒謗（くつじょくざんぼう）、払逆（ふつぎゃく）は、皆、天の吾が才を老せしむる所以にして、砥礪切磋（しれいせっさ）の地に非ざるはなし。君子はこれに処する所以を慮（おもんばか）るべし。徒らに之を免れんと欲するのは不可なり。

(訳) 苦しみ、悩み、変わった出来事、屈辱、誹謗中傷などの困難は、皆、天が自分の才能を老熟させるために起こる。だからいずれも切磋琢磨して自分を変えざるを得ない。いたずらに逃げようと思っても無駄で、どうしたらいいのかを工夫すべきだ。

佐藤一斎先生は、「失敗や苦労は天が自分を成長させるために起きる」と言っています。大きな困難は「大きく変われ！」と言っています。うまくいかないとき、そこには必ず天からのメッセージがあると思い、「これは私に何を学べと言っているのだろう」と考えて、天からのメッセージを感じてみましょう。苦悩を乗り越え続けていると、一回りも二回りも人間が大きくなります。変わり続ける自分は心地よいものです。

◆次元上昇（アウフヘーベン）して再スタート！

「こんな苦しみばかりの連続で、自分は一体どうなるんだろう」と思っても、自分を変えない限り、同じことが続きます。天から「変われ！」と言われている転換期だからです。あなた自身の転換期が来たら、「何に気づいて、どうしろということなのか？」と左図について考えてみましょう。

次元上昇して再スタート！

次元上昇して再スタート！
（アウフヘーベン）

↑

危機や逆境が起こる | **転換期**

1．どんな危機や逆境を経験しましたか？
2．それはあなたに何を気づかせてくれましたか？
3．あなたが変えなければいけないことは何ですか？
4．あなたはどうやって気持ちを整理しますか？
5．新たに何を始めますか？
6．何を終わりにしますか？

「昔とチットモ変わらないね」と言われる人は、苦難を「人が悪い！」と人のせいにしたり、イライラを機関銃のように怒鳴り散らして周りに迷惑をかけ続ける人です。人のせいにして人を責めても問題は解決しません。問題や試練を乗り越え続けることが人生です。

大きな器の人には大きな苦しみが来ます。「人より大きく変われ」と天が試練を与え続けているからです。そんなときは、天や自分と対話をしてみましょう。

◆矛盾こそクリエイティブ

その問題は根が深く、何代にもわたって繰り返されたことかもしれません。矛盾した複合的な問題かもしれません。なかなか解決策が思い浮かばない難問題もあるでしょう。その「矛盾」をあきらめずにずっと考え続けていると、新しいクリエイティブなものが生まれることがあります。風船の中に、「矛盾」というカオスがどんどんたまっていき、溜まりにたまって、最後にパァ～ンと爆発するように、「あっ！　そうかぁ、そういうことかぁ！」と答えがひらめくようにです。それを別名「悟り」というそうです。

「それを考え出すために、君にその問題が出てきた」、「君がそれに気がつけ！」と、天がささやいているのです。「前例に従って」とお役所仕事のようでは、問題は起きないかもしれませんが、新しいことは生まれないでしょう。そんなことは、みんな飽き飽きしています。

東洋の考え方では、「矛盾」を意味する言葉に**「萬物陰を負いて陽を抱き、冲気（ちゅうき）を以て和をなす（老子）」**という言葉があります。

陰と陽という矛盾した問題を没頭没我、集中して（冲気を以て）考えているうちに、和してひとつになるという意味です。

西洋の考え方では、矛盾を集中して考えているうちに、クリエイティブな解決方法がうかんでくることを、「アウフヘーベン」と言うそうです。「アウフヘーベン」は、対立する二者を超越して高い次元の答えを導き出す意味です。

東洋や西洋のどちらの考え方も問題を乗り越えたときこそ次元上昇できます。そして力強く再スタートできるでしょう。問題が解決しない限り、同じ危機や逆境が続く可能性があります。

日々の仕事も同じです。「なぜ上手くいかないのだろう?」と1日を反省して、「明日はこうしてみよう」と行動を変化させる積み重ねが、クリエイティブの第1歩です。

今の時代、人と同じことをしていては新しいものは生まれません。今はクリエイティブでないと、時代を前に進めることはできません。まわりと同じでは、この大転換期で日本は世界の中で存在感の小さい国になるでしょう。

「矛盾」を脳ミソがちぎれるくらい考えることこそ、今の時代を前に進めるクリエイティブの原動力です。

◆経験から根本をさぐる

アウフヘーベンあるいは次元上昇するためには、苦しいけれど、その患難から逃げてはいけません。どう工夫したらいいのかと考えて乗り越え続けていると、人間の根が深く広がり、幹も太くなります。成長し続けることは、自分への大きな自信になるでしょう。

大きな器の人には大きな苦しみが来ます。しかし乗り越えられない患難は与えられません。成功した人は、困難や失敗を乗り越え続けた人です。そして余力のある人は、経験から学んだことを他の人にも伝えられるように、根本の道理や天の摂理まで引き上げてみましょう。これを「下学して上達す」と言います。

◎子曰わく、天を怨みず、人を尤（とが）めず、下学（かがく）して上達す。我れを知る者は其れ天か（出典：「論語」憲問37）

（訳）孔子先生曰く、「運が悪いのは天のせいだと天を恨まず、人をとがめず、身近なことから学んで、天の摂理にまで達道させていく。こうして生きてきた私のことをわかってくれるのは、まぁ天だけだね」

東洋古典には、このような生き方を示唆してくれる人生の箴言がたくさん出てきます。

今日の言葉

● 「人つねに過（あやま）ちて然（しか）る後によく改め、心にくるしみ、慮りにみちて、然る後に作（おこ）り、色にあらわれ声に発して、然る後に悟る」（出典：「孟子」告子章句下15）

訳 天は大任を与えようとする人には、まず先にその人の心や志を苦しめ、その筋骨を疲れさせ、その肉体を飢え苦しめ、その行動を失敗ばかりさせて、やりたいことと行っていることを食い違うようにさせる。これは天がその人の心を発憤させ、性格を辛抱強くさせ、能力を自分で改善させるように試練を与えるからである。

人間は過失があってはじめてその後に、よく自分を悔い改める者であり、心に苦しみ悩み抜いてからはじめて発憤して立ち上がり、煩悶や苦悩が顔色にあらわれ、うめき声となって出てくるようになってこそ、はじめて解決の方法を心に悟るものである。

そのために天が試練を与えて気づかせてくれる。

第5章　30代

27 メンター（わが師）を持つ

◆なぜメンターが必要か！

人生は、学びそのものです。

山登りにガイドさんが一緒だと、楽しみ方や危険な場所を教えてくれます。同じように生き方のガイドさんがいると、生き方の心構えや困難に備える方法を知ることができるでしょう。まるでエスカレーターに乗ったような気分で、生き方の要点や人生の味わい方がつかめて目的地までスムーズに行けそうです。そんな生き方案内人のことを、師匠あるいはメンターと言います。

- この人の考え方を学びたい
- 専門分野の熟練方法を知りたい
- 生き方の模範になる人
- 生きる知恵を教えてくれる人
- こんな人になりたい…

そんな人を見つけると、生き方の学びが早いものです。

◆メンター（師）に出会うタイミング

ではメンター（師）に出会うタイミングは、いつでしょうか。易経の「乾為天」や「坤為地」には人間の作り方が書かれていますが、参考になる文章が「乾為天（けんいてん）」に出てきます。「乾為天」ではメンター（師）のことを、「大人（たいじん）」と言い、「見龍」と「飛龍」の2か所に出てきます。「第4章：下坐の修行（P157）」でもふれているので、ここでは会社の人事を加味して見ていきましょう。

（1）潜龍（せんりゅう）（平社員）：潜竜なり。用うるなかれ

田に潜んでいる龍のように、まだ飛び出して人目につく時ではありません。用いてもいけません。実力があっても行動せずに隠忍してしかるべき時がくるまで、下坐の修行をしながら実力を蓄えるときです。

（2）見龍（けんりゅう）（係長）：見竜田にあり。大人を見るに利あり

龍が田に出て外から見えるようになりました。良い仕事をしても慢心がありません。部下も数人でき、人を治めるリーダーとしての修行の必要性を感じたばかりの頃です。リーダーとしての心構えを良い指導者（大人）を見つけて学ぶといいでしょう。

（3）惕若（てきじゃく）（課長）：君子は、終日乾乾、夕べまでに擢若たり

「1日中勤め励み自己発展の努力をやめず、夕方になるとなお過失がなかったかどうかと1日を謙虚に反省する」。そんな心がけでいると、まだ地位は危いけれど何とか難を逃れられています。容易に前に進めない時期なので、たゆまぬ努力が必要です。

（4）躍龍（やくりゅう）（部長）：あるいは躍りて淵にあり。咎なし

龍が進退を迷っています。まだ飛ぶところまでいかないけれど、足が地を離れた状態です。会社の上も下も、全体も配慮しなければならない難しい立場の中間層ですが、いろいろな経験をして器や力量を大きくする時期です。

（5）飛竜（ひりゅう）（社長）：飛竜天に在り。大人を見るに利あり

龍が天に飛躍し勢いを天下に示しています。最も理想的な地位です。しかし慢心すると競争相手につぶされる可能性があります。そろそろ社長になる一歩手前の頃。またはすでに社会的地位を得たリーダーの位置です。さらなる成長には、独断に陥らないようにリーダーの原理原則を良い指導者（大人）を見つけて学ぶといいでしょう。大人のほかにも、諫言してくれる信頼できる部下を持つなど、ブレーントラスト（相談相手）を数名持つと良いでしょう。

(6)亢龍(こうりゅう)(顧問や相談役):亢竜なり、悔あり

高いところにいるけれど孤独でついてくる人もいません。上り詰めた龍はおりることもできないので、謙虚になり過度の満足を戒めるようにすべきです。

◆メンター(師)の見つけ方

では、メンター(師)はどのように見つけたらいいでしょうか。私の話で大変恐縮ですが、私はこれまで3人の師を見つけました。感性論哲学の芳村思風先生。九星気学と易経の故村山幸徳先生。現在は東洋思想を教えてくださる田口佳史先生に師事しています。

55歳の頃からメンター(師)に出会いたいと思い、ネットや本を読んで探したり、人からの紹介でセミナーに参加したり、たまたまのご縁などと出会いはまちまちですが、お目にかかった途端に、その専門分野の深さと人間力に魅了されました。いずれも出会うべくして出会ったと思っています。当時は意識していませんでしたが、求めていたのは思想哲学だったと気づき、出会いのご縁にとても感謝しています。

心の向くままに探しましたが、必要なタイミングで出会えた思いです。このような大所高所から人生を教えてくださる人物と出会えると、具体的な生き方を身につけることができます。あなたもメンター(師)を見つけてみませんか。

◆身近に「こんな人になりたい」を見つける

「人間として魅力的な人」になるには、どうしたらいいでしょうか?

それは、メンターとまではいかなくても、身近にいる学校の先生、先輩、親戚の人など、「こんな人になりたい人」を見つける方法があります。

または本を読んで尊敬する人や大好きな偉人を、まるで自分の友人のように思ってもいいでしょう。これを**「尚友（しょうゆう）：孟子」**と言います。

●○○さんだったら、こういうときどうするだろう
●「ああなりたいなぁ」と魅力的に思う人
●その人の生き方を見ていると、生きるヒントが浮かぶ…

目標になる人がいるだけで理想に早く近づくでしょう。メンター（師）でなくても、身近にそういう人がいるだけで、次の一歩のヒントが浮かんできます。

または、**「三人行えば、必ずわが師あり（出典：「論語」述而21）」**のように、人と出会うときに、良い人がいるとそれを見習い、良くない人はその悪いところを真似しないようにするなど、3人いたら教師と反面教師がいると思うと、すべての人が師となります。

28 自分とつながる

◆心と身体の健康はつながっている

私たちは挨拶がわりに、「お元気ですか?」と相手の身体の調子を尋ねます。また定期的に健康診断もします。このように日頃から身体の健康には気をつけています。ところが意外と心の健康には無頓着です。

現代の社会は、日々ストレスの連続です。とりわけ人間の心はネガティブに考えがちです。筑波大学名誉教授の村上和雄先生は、「このネガティブな心を、意識してポジティブな心に変えられないだろうか。ポジティブな心で心の奥底の遺伝子スイッチをオンにできれば、もっと人間の可能性を引き出すことができる」と、心の大切さを科学的に証明しようとされました。

◆ストレスが多いと病気になる

米国の細胞生物学者ブルース・リプトンは、左記のように言っています。

「生物は、毎日、数十億個の細胞が死に新たな細胞を作る。この新陳代謝は、恐怖(ストレス)

を感じるといったん止まる。そして防御に備える。前に進みながら、後ろに戻ることはできない。手を広げながら同じ手で身を守ることはできない。同じように成長しながら身を守る防御は同時にできない。だから人間は恐怖（ストレス）が多すぎると、免疫の働きが止まる。免疫の働きが止まると、身体は感染に負けやすくなり病気になる。ネズミもいじめる（ストレスを与え続ける）と病気になる。同じようにストレスを感じ続けると、心が病んだり病気になって死に至る」

ストレスが多いと病気になるように、心と身体の健康はつながっていることがだんだんわかってきました。

◆思いを変えることは難しい！

仏教では、「四苦八苦」という言葉があります。

1. 生：生まれることに起因する苦しみ
2. 老：老いて体力や気力が衰退して、だんだん自由がきかなくなる苦しみ
3. 病：いろいろな病気にかかり、痛みや苦しみに悩まされる苦しみ
4. 死：死ぬ恐怖や、死んだらどうなるだろうという不安の苦しみ
5. 愛別離苦（あいべつりく）：愛する人と別離する苦しみ

6．怨憎会苦（おんぞうかいく）：怨み憎んでいる人と会わなければいけない苦しみ
7．求不得苦（ぐふとっく）：ほしい物が得られない苦しみ
8．五蘊盛苦（ごうんじょうく）：人間の肉体や精神が思うままにならない苦しみ
これらの8つの苦しみを「四苦八苦」と呼びます。

ほとんどの人が、これまで右記のいずれかの苦しみを経験したことがあるでしょう。「自分の思いが変われば問題が解決する」とわかっていても、なかなか心のコントロールは難しいものです。だったらいっそ四苦八苦のように、「生きること自体は苦しいもの」と思ったほうが覚悟もできるというもの。とは言っても、つらい状況を我慢しすぎてはいけません。その前に、なにかを手放すことも1つの方法です。（P108）でも書きましたが、禅語には、この「執着を手放す言葉」がたくさんあります。

◎放てば手にみてり：手放してこそ、大切なものが手に入る
◎放下著（ほうげじゃく）：心にため込んだ執着を捨てされば、軽やかに生きられる

これらの禅語からも、古今東西の人々が「執着」にとらわれ苦しんでいることがよくわかりま

す。「自分の思いを変えると問題解決！」とわかっていても、それが難しいのです。だからこそ、修行が必要なのでしょう。

◎修せざれば証せざる（修行しなければ見えてこない）

そのことを道元禅師は、右記のように言っています。

◆自分の心のトリセツ

では、どのように自分の心をコントロールすればいいのでしょうか。とくに子育て世代は、子育て以外にも仕事・お金・住宅・進路・夫婦関係…と問題山積です。

「イライラして怒りがこみあげてくる」
「ストレスがたまり、ガマンが切れる」
「自分の感情がコントロールできず、まわりにあたり散らしてしまう」…

とくに若い世代は元気でエネルギーも強いので、怒りの感情も強く感情のコントロールも難しいでしょう。怒らないコツがあるとすると、ストレスをため込まないことです。「ストレスがたまっている」と感じ始めたら、次頁の6つの中から、「私は○○の方法でストレスをコントロールする」を見つけてはいかがでしょうか。

(1)心の思い込みを変える

「今日は雨で憂鬱だ」と思うより、「今日は雨で落ち着いて本が読める」と思ったほうが、気持ちよく1日が過ごせます。困ったことが起こっても、「これは丁度いい。○○したかった」、「神様が私を試している。○○してみよう」など、「このことが良いことになる」とプラス思考で考えると心も明るくなります。

(2)1人の時間を作って息抜きをする

家族に子どもを預けたり一時保育を利用して、ストレス解消の時間を作る。

(3)運動や音楽など、気晴らしや楽しいことをする

イライラを断ち切るために、その場所を変えたり、1人の場所に行って心を静める。「高級チョコを買って、毎日1つずつ食べて幸せをかみしめる」というママもいました。

(4)相談できる人に話をする

1人で問題を抱え込まないように、話を聞いてくれる人や、話をすると明るい気持ちになる友人や信頼できる人を決めておいて話を聴いてもらう。

（5）座禅や瞑想をする

座禅や瞑想は、あれこれと複雑に動く心を落ち着かせることができます。たとえば「息を吸う〜息を吐く」などゆっくり呼吸に集中するだけで、心が落ち着き身体中の気のめぐりも整ってきます。毎日数分でも窓を開けて外気にふれながら背筋を伸ばし、自分の身体の気のめぐりに意識を向けると、宇宙の中で生かされていることに感謝ができて、ストレスも減るでしょう。

（6）村上和雄先生と小林正観先生の提唱

- 笑う（ユーモア）
- 笑顔
- 思いやり
- 感動
- 感謝
- 祈り
- きづな

その他、「うれしい」「楽しい」「幸せ」「愛している」「大好き」「ありがとう」「ついてる」。この7つの言葉を発して毎日をすごすと、健康で幸せになれると説く小林正観先生。また規則正しい生活、運動、睡眠も心を明るくする効果があるとされています。そういえば、「ニッ!」と口の口角をあげるだけで、心が明るく上向きになりますね。いろいろな方法から、あなたの「心のトリセツ」を見つけてみてください。

◆**自分を大切にする**

どんなに頑張っても、人からほめられることは少ないものです。「誰もほめてくれない」と思ったほうがいいでしょう。しかし、自分で自分をほめることは、いつでもできます。「いつも精いっぱい頑張っている自分」をほめてあげましょう。これを**「自慈心(じじしん)」**と言います。自分を慈しむ心です。たとえば、お風呂に入ったときなど、

- 「今日も良く頑張ったね」と全身をほぐしながら、自分自身に声をかける
- 「今日は大変だったね。ご苦労さん!」と自分をいたわる

声に出しながら、身体中を両手でマッサージをすると、さらに効果的です。身体の健康と心の健康はつながっています。ぜひあなたの疲れた心を慈しんであげて下さい。

29 人とつながる

◆自分以外はみんな他人

社会は自分と他人から成り立っています。人は、自分の利益だけを優先するわがままな人を嫌います。ですから自分中心になると、とたんに孤立します。

その潤滑油は、人への思いやり、人への気配り、人への配慮です。その前提として人の気持ちがわからないといけません。しかしこれには敏鈍があります。「良い・悪い」ではなく、生まれ持った性格の違いです。「自分は、少し人の気持ちに鈍感な性格だ」と思う方は、

「思いやりが足りているだろうか」

「気配りが足りているだろうか」

「配慮が足りているだろうか」と意識しましょう。

すると、今よりスムーズに人とつながれます。

そのコツは、自分の心の響きを大切にすることです。そうしているとだんだん人の心が見えてくるようになり、人扱いも上手になるでしょう。人を手玉にとって、思い通りに動かすこともできるようになるかもしれません。

◎学を為すの緊要（きんよう）は、心の一字に在り。心をとって以て心を治む。これを聖学という。（出典：言志晩録1）

（訳）学問をするときの最も大切なことは、「心」という一字にある。自分の心をしっかり把握して人の心を治める。これを聖人の学という。

◆人は善にも悪にもなる

人間は動物ですから、当然競争心があります。「人より勝ちたい」と思うのは人情です。「人が勝つ」と悔しくなるのも、人情です。

感情エネルギーが「強い・弱い」の個人差もあります。強い人のなかには、「出る杭は打ちたくなる」攻撃的な人もいるでしょう。さらに「特別に可愛がられる」、「人から排除される」などの愛情の過不足や愛情の片寄りがあると、人への嫉妬心や妬みや恨みの心が芽ばえたり、心がすさむなどの悪い心も生じるかもしれません。そんな「善と悪の心」を佐藤一斎先生はどう言っているのか、２つの言志四録の訳文を見てみましょう。

（１）天から人間性（心）、地から肉体（父母の遺伝子）をもらい受ける。天の心は純で善のみだが、地は入り混じっているから善にも悪にもなる。だから人は善にも悪にもなる。（言志録１０８）

（2）人間は誰にも欲望があり、この欲望が悪をなす。ただ欲望は悪いだけでなく人間の生気でもあり、欲があるから生き続け成長もする。孔子や孟子は聖人だから善の実践ができるが、普通の人間は善の心も悪の心も持っているので、欲望を善処しなければいけない。（言志録110）

では「欲望の善処」とは、どうすればいいのでしょうか。それは自己コントロール（修身）ではないでしょうか。

◆善人と悪人の心（人間を知る）

老子道徳経（體道1）に、「妙（みょう）」と「徼（きょう）」の言葉が出てきます。聞きなれない言葉ですが、その意味は、「妙」は清く澄みきった善人の心、「徼」は善と悪が入り混じった人間の醜い部分とも読みとれます。人間には両方の心が存在しています。

この「妙」と「徼」は、陰と陽の関係で相容れにくい性質を持っています。たとえば善人は、清く正しく正直なことを大切にします。一方、悪人は、善悪の是非や正直よりも自分の目的のためには手段を選ばず、自分の思い通りに強引にことを進めるためには、詭弁・計略・偽情報・中傷なども平気な人です。

孔子先生は、なかでも善人のように見せて悪いことをする人をとても嫌ったと言われています。

◎子曰く、郷原（きょうげん）は徳の賊（ぞく）なり（出典：「論語」陽貨13）

（訳）「いい人」と見せながら悪賢いことをする人は、盗賊と同じである。

◎子曰く、巧言令色、鮮（すく）なし仁（出典：「論語」陽貨17）

（訳）心とは裏腹に言葉や表情だけが上手な人は、仁（愛）が少ない人だ。

世界の中には物事の裏表を知り尽くして、悪賢く立ち回る人はたくさんいるでしょう。世渡り上手と言われたり、計算高く抜け目のない人もいるでしょう。法に触れると、法律で裁いてもらうことができます。しかし普通の生活で相手に悪い心が生じたら、自分の防御のために相手の悪い心をかわしたり悪い心を出させないことが大切です。「いなす・かわす」ですね。そんな悪い心を見抜く力も必要です。（P34）

また最近のネット社会では、フェイクニュース（偽情報やデマ）も多くあります。間違った情報を何度も流し続けて世論操作を試みているかのようです。ですから目にしたり耳にした情報をうのみにせずに、「何かおかしい」という自らの直観や見抜く判断力が大切です。

現在の混沌とした時代には、「人を見たら泥棒と思え」くらいが丁度いいのかもしれません。このような人間の持つ善と悪の心の関係は、永遠の人間ドラマです。

◆人に感謝する

人から善を尽くされたら感謝をしましょう。反対に人に尽くすと人から感謝をされます。するとお互いの良い関係が築けます。あなたはこんな信頼関係のある人を何人思い浮かべられますか。

- ●お父さんのような人
- ●お兄さんのような人
- ●お姉さんのような人
- ●友人
- ●先生…

信頼関係でつながっている人が多ければ多いほど、豊かな人生が過ごせます。

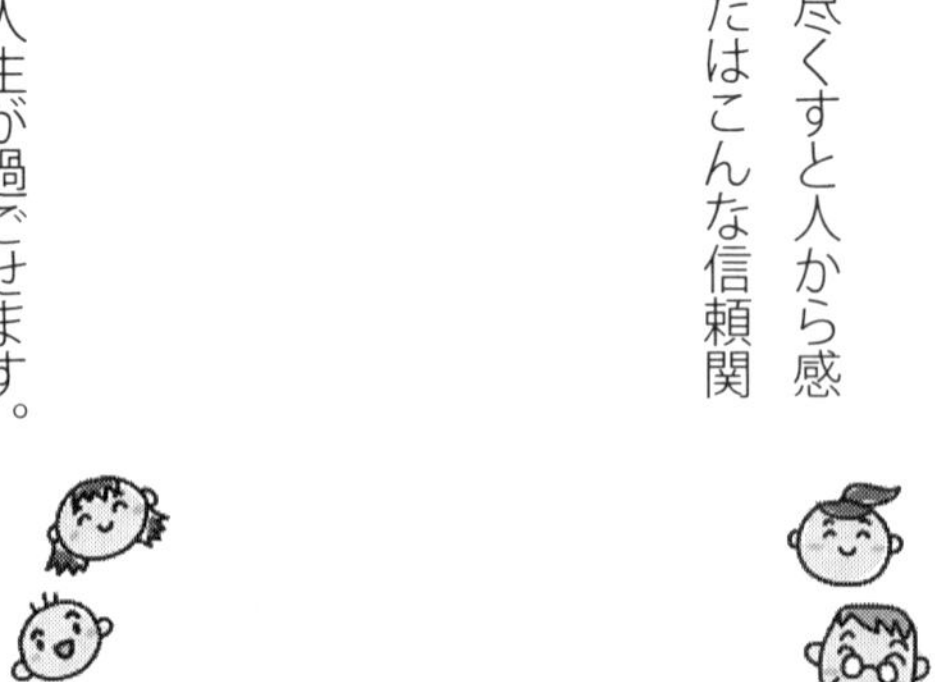

◆「重々無尽（じゅうじゅうむじん）の縁起（えんぎ）」

「重々無尽の縁起」は仏教用語です。あらゆるものはお互いに重なり関わりあって「ご縁」を起こしているという意味です。

たとえば人間のなかにある1つの細胞と他の多くの細胞同士、1人の人間と他の多くの人間同

士、地球と他の多くの惑星同士は、すべてつながり影響しあっています。遠く離れたことと思っても、あらゆることが重なりご縁で結ばれ、つながり影響しあっているのです。

このように天地の間に存在する万物は相互に関係しています。そしてすべてつながり統合するのに必要なものが、「仁（愛）の心」だと説いているのが、左記の王陽明の言葉です。

今日の言葉

●**天地万物一体の仁（王陽明）**

訳 天地の間にある万物は、相互に関係してすべて一体である。それらを統合し化育するのに必要なのは、「仁（愛）の心」である。

●**徳は孤ならず、必ず隣あり（出典：「論語」里仁25）**

訳 徳のある人を目指している人はひとりぼっちにはならない。同じように徳を目指している人が、必ず隣りに寄り添ってくれる。

30 天とつながる

◆人生を選択し続ける

ひと昔前の「○○するもの」という決めごとの多かった頃に比べると、現代は自由で寛容な時代です。何歳で結婚をしようとOK、独身もOK、別居もOKです。しかし自由になったぶん、常に「右か左か」と人生を選択し続けなければなりません。

●結婚するの、しないの
●どんな人と結婚するの
●子どもはつくるの、つくらないの
●子どもの数は何人
●仕事はどんな仕事をしたいの
●どこで暮らしたいの…。

「これで最高の選択をした」と思っても、幸せはそう簡単に手に入りません。たくさんの選択肢の中から、自分にとって何が最適なのか、迷い続け、選択しなければいけません。選択の連続です。

かりに「しまった。失敗した」と思っても、人のせいにはできません。自分の人生ですから、その責任は自分でとらなければなりません。左記は感性論哲学者芳村思風先生の言葉です。

◎どの道を選んでも問題は出続ける。その問題をのり超えろ!（芳村思風）

◆天命を知る

つぎに、佐藤一斎先生の「天命の仕事」に関する文章を見てみましょう。

◎人は須（すべか）らく自ら省察すべし。「天何の故にか我が身を生み出し、我をして果たして何の用にか供せしむる。我すでに天の物なれば、必ず天の役あり。天の役共せずんば　天の咎（とが）、必ず至らむ（言志録10）

（訳）人はみんな自らを反省し考察してみよう。「天は何のために、私をこの世に生み出したのか。私に何の用をさせようとしているのか。私はすでに天のものであるから、必ず天から授かった役目がある。天からの役目を果たさなければ天の咎を受けるだろう。

一斎先生のいう「天から授かった役目」は、なかなか見つからないものです。そんなとき、「今、自分の命が喜ぶことは何だろう?」と思ってはいかがでしょうか。自分の心を大切にして生きていく方法です。前向きに明るく、「自分の心が指し示すことは何だろう」と探しているうちに、内なる可能性が深まるでしょう。

やりたいことがあっても、家族を養わなくてはならず、時間的にも経済的にも「無理だなぁ」と思うこともあるでしょう。それは、まだその時期ではないのです。心が、「まだ無理だなぁ」と言っているからです。いろいろな経験を重ねるうちに、自分にふりそそぐ困難や悩みが、道筋を教えてくれるときがくるでしょう。

「そろそろ、これをしてみたら?」と天がささやきます。「みんな気づいてないけれど、そこを疑問に思った君が何とかするために生まれてきたんだ」と天がささやきます。それに気づく時がくるでしょう。

宇宙で起こることに無駄なことは何もありません。宇宙には、何ひとつ無駄なことはないのです。これを**「無用の用(老子)」**と言います。「役に立たないと思われているものが、実際は大きな役割を果たす」という意味です。

「こんな経験をして、何の意味があるのだろう…」

「無駄なことに時間を費やしてしまった…」

そう思っても、無用な物やことはありません。そこには必ず何かの意味があります。「これまでの経験が導いて運命が開くこと」は、宇宙とつながったからです。「その経験を役立てろ！」と天が言っているのです。

●1回きりの人生をどのように過ごしますか？
●あなたが将来立つ舞台はどこですか？
●与えられた人生のテーマは、何ですか？

そんな、たいそうなことでなくても、1日の中で心が喜ぶことを探してもいいですね。
●今日は春の空が澄みきって、すがすがしく心地よい
●今日は曇天で風が強いけれど、木々の蕾が膨らんでエネルギーを感じる
●友人から心温まるメールをもらった…

有難い、感謝！

◆天はすべての命を生かす力がある

宇宙のリズムと人間のリズムは連動しています。花や鳥や獣、そして山や川ともつながっています。私たちは、宇宙からエネルギーをもらって生かされているのです。

宇宙は愛に満ちており、萬物を生かす力があります。苦しい時、困ったとき、空を見ると、生かされている自分を感じて元気が出ます。萬物は、宇宙の力によって生かされているのです。宇宙（天）と人の心の関係を示している言葉を1つご紹介します。

◎人間は限界まで努力をしていると、宇宙とつながれる（カール・ヤスパース）

「奇跡のリンゴ」という話を覚えていらっしゃいますか。

リンゴが思うように生育しないので、山に入って思い悩んだ木村秋則さんは、目の前の月明かりのリンゴの木（実はどんぐりの木だった）が元気よく育っているのを不思議に思って駆け寄ってみると、根もとの土のいい匂いがして、「これだ！」と土の大切さに気づいたという話です。純粋で、ひたすらリンゴの生育に限界まで命を懸けた木村さんだからこそ、宇宙とつながった話です。

人間の心は、宇宙と自分をつなぐパイプのようなものです。ですからどうぞ、あなたやお子さんの心の奥底からわいてくることを大切にして下さい。

◆運命にまかせる

最後に、仏教用語の「自力」と「他力」の言葉について見てみましょう。

「自力」とは自分の力で物事を解決することです。多くのことは「自力」で解決できても、どうにもならないこともあります。それでも何とか解決しようとすると、うまくいかなくて自分を責めたり人を恨んだりしてさらに苦しくなるでしょう。天は大任を与えようとする能力のある人ほど、そんな試練を与えるものです。

一方、「他力」とは自力をすてて「大きな力にまかせる」ことです。すると安心立命の境地が手に入り、「こんなことで負ける自分ではない」、「どんな困難もこい！」、「地獄でも戦ってやる」と、ふりかかる難行苦行をはねのける強い底力がわいてくるでしょう。

◎楽天知命、故不憂（らくてんちめい、ゆえにうれえず）（出典：「易経」繋辞上伝）
どんな運命も受け入れよう。それが同時に人生を楽しむことになる。だから「憂えるなかれ」と教えてくれています。

コロナ禍、領土侵攻、フェイクニュース、プロパガンダ、天災…と、これまでになく人の生活が脅かされてストレスも多い現在です。しかし天は愛に満ちて私たちを生かしてくれています。

だからこそ天のように愛情深く人に接して、一日一日を大切に過ごしていきたいですね。

あとがき

子育ては迷いや悩みだらけです。なぜなら子育てに正解はなく、家庭によって「こうしてみよう」という方法は異なるからです。しかし先人達の残した文章には、子育ての答えの糸口がたくさんあります。こんなに珠玉の知恵があるのですから、知らないのはもったいないことです。拙本では東洋思想の素晴らしさが伝わるようにできるだけ多くの言葉を紹介しました。ぜひ身近に感じて、そして子育てに役立ててほしいとの思いからです。

終わりに本当に価値のある子育てをするために、今思うことを5つあげたいと思います。

1、大志をいだこう！

まずは大きな人間になろうという志を立てることです。「一匹の龍育て」、「人格磨き」です。

2、あなたはどの舞台で活躍しますか？

日本では「茶道・華道・柔道・剣道・武士道…」や、最近は「ビジネス道」などといろいろな「道」のつく分野があります。これはその道について修行の気持ちで稽古や仕事を極めていると、自分の人格を磨くことにつながるからです。

3、世界に通用する人間になるためには、世界を相手に考えよう！

4、切磋琢磨しよう！
「他人が1回するなら自分は百回繰り返す」と反復習熟すると、だんだん道理（宇宙の摂理と人間把握）に通じてきます。この道理を信じてさらに自反自省すれば、日ごとに賢くなります。
5、四季折々の自然の美しさを享受しよう！
人生の途上では辛く苦しいことも多くあるでしょう。これらは人間の根が深まり人格が磨かれる欠かせない経験です。ただあまりに辛いときは自然のなかに身を置きましょう。四季折々の美しさは宇宙がくれた最高の贈り物です。

難しく責任の大きい仕事になるほど艱難辛苦も多いけれど、「一匹の龍育て」を意識していると、そのうち周りの人から「すごい人」、「立派な人」と言われ、企業や国や社会にも貢献できるでしょう。そうなると霊妙な人間に生まれてきたかいがあるというものです。ぜひいろいろな経験を糧にして、「一匹の龍」を大切に養い育てて下さい。
本書はメルマガに書きためた文章をまとめたものです。師の教えを広めるべく「述べて作らず」の浅学拙文ですが最後までお読み下さいましてありがとうございました。最後の最後に、恩師である田口佳史先生、芳村思風先生、メルマガをご購読下さいました皆様、慶應MCC「老子の里」や勉強会の朋友の皆様に、心から感謝とお礼を申し上げます。

深謝

【参考文献】

慶應MCC「田口佳史さんに問う中国古典」の講義録より
（大学・論語・孟子・中庸・言志四録・書経・易経・渋沢栄一と論語・陽明学・老荘思想・史記列伝・人生の戦略書孫子他）

慶應MCC「村上和雄さんと考える科学と向き合う人間力」の講義録より

「老子道徳経講義」　田口佳史　致知出版社

「大学に学ぶ人間学」　田口佳史　致知出版社

「親子で学ぶ人間の基本」　田口佳史　（株）AOKIホールディングス

「超訳孫子の兵法」　田口佳史　知的生きかた文庫

「渋沢栄一に学ぶ大転換期の乗り越え方」　田口佳史　光文社新書

「愛の子育て」　芳村思風　講義録

「年代別教育論」　芳村思風　講義録

「愛の本質」　芳村思風　講義録

「人間観の覚醒」　芳村思風　致知出版社
「易」中国古典選　本田　濟　朝日選書
「大学・中庸」　金谷　治訳注　岩波文庫
「論語」　金谷　治訳注　岩波文庫
「孟子（上）（下）」　小林勝人訳注　岩波文庫
「養生訓・和俗童子訓」　貝原益軒　岩波文庫
「中庸」　宇野哲人訳注　講談社学術文庫
「啓発録」　橋本左内　講談社学術文庫
「吉田松陰　留魂録」　古川薫訳注　講談社学術文庫
「言志四録（1）〜（4）」　佐藤一斎　講談社学術文庫
「禅の言葉」　永井政之監修　永岡書店
「論語と算盤」　渋沢栄一　角川ソフィア文庫

一匹の龍育て　本当に価値のある子育てをするために
2023年3月28日　　第1刷発行

著　者――― 山本節子
発　行――― 日本橋出版
〒103-0023　東京都中央区日本橋本町2-3-15
https://nihonbashi-pub.co.jp/
電話／03-6273-2638
発　売――― 星雲社（共同出版社・流通責任出版社）
〒112-0005　東京都文京区水道1-3-30
電話／03-3868-3275

ISBN 978-4-434-31550-3